中医药文化与健康

第七册

总主编 许二平

本册主编 李东阳

本册执行主编 胡研萍 李青雅 常征辉

河南大学出版社
HENAN UNIVERSITY PRESS

图书在版编目（CIP）数据

中医药文化与健康.第七册/许二平主编.－－郑州：河南大学出版社，2022.8
ISBN 978-7-5649-5301-0

Ⅰ.①中… Ⅱ.①许… Ⅲ.①中国医药学－文化－普及读物 Ⅳ.①R2-05

中国版本图书馆CIP数据核字（2022）第156444号

策划编辑	程新晓		
责任编辑	张玉梅	责任校对	赵海霞
责任印制	陈建恩	封面设计	李雪莹

出　版	河南大学出版社		
	地址：郑州市郑东新区商务外环中华大厦2401号	邮编：450046	
	电话：0371-22864493（基础教育与学前教育分公司）	网址：hupress.henu.edu.cn	
排　版	河南君策广告设计有限公司		
印　刷	河南美轩印务有限公司		
版　次	2022年8月第1版	印　次	2022年8月第1次印刷
开　本	787mm×1092mm　1/16	印　张	6.25
字　数	87千字	定　价	25.00元

（本书如有印装质量问题，请与当地销售部门联系调换。本书在编写过程中，参考引用了一些资料，取得了原作者的大力支持，在此谨表感谢，但因一些作者的地址不详，我们无法取得联系。敬请各位作者与我们联系，以便做出妥善处理。）

编委会

总 主 编　许二平

主　　审　许敬生　韦大文

执行主编　徐江雁　苗明三　许敬生　李成文　王　琳
　　　　　贾成祥　李东阳

编　　委（按姓氏笔画为序）
　　　　　王　琳　王　辉　王剑锋　韦大文　方晓艳
　　　　　尹笑丹　朱红庆　刘文礼　许二平　许敬生
　　　　　李东阳　李成文　李青雅　张　楠　张晓艳
　　　　　张婷婷　苗明三　范　敬　赵迪克　赵培源
　　　　　胡研萍　贾成祥　徐江雁　常征辉　彭　新

第一单元 《黄帝内经》选读 —— 01

《黄帝内经》及其学术思想 —— 02

《黄帝内经》选篇解读 —— 03

    素 问 —— 03

    灵 枢 —— 24

第二单元 《伤寒杂病论》选读 —— 33

《伤寒杂病论》及其学术思想 —— 34

《伤寒杂病论》选篇解读 —— 35

第三单元 《神农本草经》选读 —— 63

《神农本草经》及其学术思想 —— 64

《神农本草经》选篇解读 —— 66

第四单元 温病学选读 —— 77

温病学及其学术思想 —— 78

《温热论》选篇解读 —— 79

《湿热病篇》选篇解读 —— 83

《温病条辨》选篇解读 —— 86

第一单元 《黄帝内经》选读

《黄帝内经》及其学术思想

《黄帝内经》简称《内经》，为中医学现存最早的经典著作。本书分为《素问》和《灵枢》两部，共18卷162篇，约成书于战国至秦汉时期，东汉至隋唐仍有修订和补充。《内经》非一人一时之作，而是集众多医学家的医学理论和临床经验编纂而成，是对先秦至西汉医学成就的整理和总结。书中汲取了秦汉以前自然科学、哲学和社会科学的诸多重要成就，从气、天人关系、形神关系等多方面深入探讨和阐释了生命现象，总结和归纳了西汉前的医疗经验和医学理论，确立了中医学独特的理论体系，奠定了中医学发展的理论基础。

《内经》以整体观念为指导，阐释了人体生命活动规律以及人与自然、社会环境的统一性，详细论述了脏腑的生理功能，将人体呼吸、循环、消化、排泄、生殖、精神等生理功能分属于五脏，建立了以五脏为中心的功能系统；创立了经络学说，阐述对机体的网络调节作用，并以精、气、血、津液、神的作用维系和调节着脏腑形体官窍的生理功能，从而奠定了藏象经络理论的基础；在疾病防治上提出"治未病"的观点，对病因、发病、病机及疾病诊断、治疗等进行了系统的阐述，对临床实践具有重要的指导意义。《内经》中还设专篇讨论了医生的职业素养和道德规范，《素问·疏五过论》提出了诊病"四德"，对医生的职业道德进行规范。《素问·征四失论》专门批评了医生精神不专与学业不精所造成的过失，至今仍不失其指导意义。

本单元节选《素问》和《灵枢》部分条文进行解读。

素 问

上古天真论篇

【原文】岐伯对曰：上古之人，其知道者，法于阴阳，和于术数，食饮有节，起居有常，不妄作劳，故能形与神俱，而尽终其天年，度百岁乃去。

【释义】岐伯回答说：上古时代的人，懂得养生之道的，会效法自然阴阳的变化规律，正确良好地使用养生的方法和技术，饮食有节制，作息有规律，不轻易让自己劳累，所以能够形体和精神都得到保养，而尽享应有的寿命，活到百岁才去世。

【原文】夫上古圣人之教下也，皆谓之虚邪贼风，避之有时，恬惔虚无，真气从之，精神内守，病安从来。

【释义】上古的圣人教导人们，都说面对虚邪贼风的侵袭，要适时避开，思想静闲、心无杂念，真气就能顺从，精神内守，疾病怎么会发生呢？

四气调神大论篇第二

【原文】逆春气则少阳不生，肝气内变；逆夏气则太阳不长，心气内洞；逆秋气则太阴不收，肺气焦满；逆冬气则少阴不藏，肾气独沉。

【释义】如果违背春季的气机变化规律，少阳之气就不能生发，肝气内郁而发生病变；如果违背夏季的气机变化规律，太阳之气就不能生长，心气内虚不足；如果违背秋季的气机变化规律，太阴之气就不能收敛，肺热叶焦、胸中胀满；如果违背冬季的气机变化规律，少阴之气不能闭藏，肾气失藏而下泄为病。

【原文】故阴阳四时者，万物之始终也，死生之本也，逆之则灾害生，从之则苛疾不起，是谓得道。道者，圣人行之，愚者佩之。从阴阳则生，逆之则死；从之则治，逆之则乱。反顺为逆，是谓内格。

【释义】因此，阴阳和四季变化是万物开始和终结的规律，也是生命存在的根本。违背它就会引发疾病，顺应它就不会生病，这就是掌握了养生之道。这个道，圣人会去实践，愚人却会忽视。顺应阴阳就能生存，违背就会死亡；顺应就会健康，违背就会病乱。如果把顺应变成违背，就会导致人体脏腑气血活动与自然阴阳变化不相适应。

生气通天论篇第三

【原文】阳气者，若天与日，失其所，则折寿而不彰，故天运当以日光明。是故阳因而上，卫外者也。

【释义】阳气对人体的重要性，就像自然界中天空和太阳的重要性一样，如果阳气运行失常，失去了它应有的位置，人就会减损寿命或夭折。因此，自然万物的运动需要太阳的光芒明亮。人体的阳气犹如天上的太阳向上向外布散，保卫着肌表抵抗外邪。

【原文】阳气者，精则养神，柔则养筋。

【释义】阳气，当它养神则人精明聪慧，养筋则筋脉柔和，屈伸自如。

【原文】故阳气者，一日而主外，平旦人气生，日中而阳气隆，日西而阳气已虚，气门乃闭。是故暮而收拒，无扰筋骨，无见雾露，反此三时，形乃困薄。

岐伯曰：阴者，藏精而起亟也；阳者，卫外而为固也。

【释义】因此，阳气在白天主人体外层，黎明时人体的阳气会增强，中午时阳气最旺盛，日落时阳气已经衰弱，毛孔关闭。因此，晚上应该休息，不要劳累筋骨，不要接触外界寒湿，违反这三个时段的规律，身体就会变得疲惫虚弱。

岐伯说：五脏储藏阴精气并与阳气相应，以供养阳气；阳气为阴精固密于外，使阴精固密于内而不外泄。

【原文】凡阴阳之要，阳密乃固。两者不和，若春无秋，若冬无夏，因而和之，是谓圣度。故阳强不能密，阴气乃绝。阴平阳秘，精神乃治。阴阳离决，精气乃绝。

【释义】阴阳的关键，在于阳气致密于外阴精才能固密于内。如果两者不和谐，就像只有春天而没有秋天，只有冬天而没有夏天一样。使它们和谐，是最高的养生及治疗法度。因此，阳气过于亢盛而浮散失密不能卫外固护阴精，阴气就会外泄耗伤以致尽竭。人体阴阳平和协调，是精神化生的基础和健康的保证。否则阴阳分离决裂，人体精气就会断绝生命衰亡。

金匮真言论篇第四

【原文】夫精者，身之本也。故藏于精者，春不病温。

【释义】精是身体的根本。因此，冬天储藏精气的人，春天不会得温病。

阴阳应象大论篇第五

【原文】阴阳者，天地之道也，万物之纲纪，变化之父母，生杀之本始，神明之府也。治病必求于本。

【释义】阴阳是宇宙间的基本规律，是万事万物纲领，是运动变化的根源，是事物产生消亡的根本和由来，是自然界事物运动变化的内在动力。治疗疾病也必须从根本上着手。

【原文】清气在下，则生飧泄；浊气在上，则生䐜胀。此阴阳反作，病之逆从也。

【释义】如果人体清澈的、本该上行的上升气出现在身体下部，就会导致腹泻；如果人体混浊的、本该下降的气出现在身体的上部，就会导致胸腹胀满。这是阴阳颠倒，疾病逆反人体正常运转规律的表现。

【原文】故清阳出上窍，浊阴出下窍；清阳发腠理，浊阴走五脏；清阳实四肢，浊阴归六腑。

【释义】因此，饮食所化之精微与吸入的自然之气，上升布散头面七窍，化为发声、视嗅味听等功能；食物的糟粕和废浊的水液，其重浊沉降，由前后二阴排出。饮食所化之精微，其清轻部分（卫气）外行于腠理肌表以温养之，其浓稠部分（精血津液）内注于五脏以濡养之。饮食物化生的精气，充养四肢，其代谢后的糟粕，由六腑排出。

【原文】壮火之气衰，少火之气壮。壮火食气，气食少火。壮火散气，少火生气。气味，辛甘发散为阳，酸苦涌泄为阴。阴胜则阳病，阳胜则阴病。阳胜则热，阴胜则寒。重寒则热，重热则寒。

【释义】过于亢烈的火邪往往有衰败之象，而温煦规律的生理之火往往有兴旺之象。过旺的火邪会消耗人体的气、使人体的气散失，而适度的生理之火能增强人体的气、有助于气的生成。气味中，辛味和甘味具有发散作用，属于阳，酸味和苦味具有收敛和泻下作用，属于阴。阴气过盛会导致阳气受损，阳气过盛会导致阴气受损。阳气过盛会生热，阴气过盛会生寒。寒到极点，会出现热象；热到极点，又会出现寒象。

【原文】风胜则动，热胜则肿，燥胜则干，寒胜则浮，湿胜则濡泻。

【释义】风邪太过会导致身体颤动或头晕目眩，热邪太过会导致气血壅滞发为肿胀，燥邪过盛会伤津液导致干燥，寒邪过盛会伤阳气，导致水液不行而身体浮胀，湿邪过盛会阻碍脾胃运化水谷而导致腹泻。

灵兰秘典论篇第八

【原文】心者，君主之官也，神明出焉。肺者，相傅之官，治节出焉。肝者，将军之官，谋虑出焉。胆者，中正之官，决断出焉。膻中者，臣使之官,喜乐出焉。脾胃者,仓廪之官,五味出焉。大肠者,传道之官,变化出焉。小肠者,受盛之官,化物出焉。肾者,作强之官,伎巧出焉。三焦者,决渎之官,水道出焉。膀胱者,州都之官,津液藏焉,气化则能出矣。

【释义】心是像君主一样主宰全身的器官,是精神活动的所在。肺是像宰相一样辅助心的器官,使人体运转有序。肝是像将军一样性动而急的器官,使人勇武谋略。胆是像评定官员一样刚正果决的器官,决心判断由此而来。膻中是像内臣一样的器官,负责喜乐的情绪表达。脾胃是像仓库一样受纳水谷的器官,与酸苦甘辛咸有关。大肠是像负责道路运输一样传导食物残渣的器官,食物残渣由此转变为粪便。小肠是受纳消化的器官,水谷的各种营养由此被分拣吸收。肾是产生精力的器官,其主骨生髓充脑与技巧和智慧有关。三焦是能够调控水液代谢的器官,水液因此能够通行。膀胱是像州都一样的器官,尿液在此储存,气机运转正常才能出为尿液。

六节藏象论篇第九

【原文】帝曰:藏象何如?岐伯曰:心者,生之本,神之变也;其华在面,其充在血脉,为阳中之太阳,通于夏气。肺者,气之本,魄之处也;其华在毛,其充在皮,为阳中之太阴,通于秋气。肾者,主蛰,封藏之本,精之处也;其华在发,其充在骨,为阴中之少阴,通于冬气。肝者,罢极之本,魂之居也;其华在爪,其充在筋,以生血气,其味酸,其色苍,此为阳中之少阳,通于春气。脾、胃、大肠、小肠、三焦、膀胱者,仓廪之本,营之居也,名曰器,能化糟粕,转味而入出者也;其华在唇四白,其充在肌,其味甘,其色黄,此至阴之类,通于土气。凡十一藏取决于胆也。

【释义】黄帝问:脏器的象征和意义。岐伯回答说:心是生命活动的根本,也是精神活动变化的所在;它的荣华表现在面部,功能的充实体现在血脉之中,代表阳中之阳即太阳,通于夏气。肺是气的根本,是魄(本能)所在处；它的荣华体现在体毛上，功能的充实反应在皮肤中，属于阳中之太阴，通于秋气。肾主蛰伏，是封藏之本，一身精气所贮藏之处；它的荣华表现在头发上，功能的充实体现在骨骼中，属于阴中之少阴，通于冬气。肝是疲劳恢复的根本，是魂(潜意识)的居所；它的荣华表现在指甲上，功能的充实表现在筋中，负责生血和调节气机，它的味道是酸的，颜色是青的，属于阳中之少阳，通于春气。脾、胃、大肠、小肠、三焦、膀胱是仓廪之本，是营气产生的居所，被称为器，能够转化食物糟粕，吸收营养并排出废物；它们的荣华表现在口唇四周，功能是充实体现在肌肉中，它们的味道是甘的，颜色是黄的，属于至阴之类，通于土气。所有这些脏器的功能发挥都取决于胆的功能正常。

五脏别论篇第十一

【原文】脑、髓、骨、脉、胆、女子胞，此六者，地气之所生也，皆藏于阴而象于地，故藏而不泻，名曰奇恒之腑。夫胃、大肠、小肠、三焦、膀胱，此五者，天气之所生也，其气象天，故泻而不藏。此受五脏浊气，名曰传化之腑。此不能久留，输泻者也。魄门亦为五脏使，水谷不得久藏。

所谓五脏者，藏精气而不泻也，故满而不能实。六腑者，传化物而不藏，故实而不能满也。所以然者，水谷入口，则胃实而肠虚；食下，则肠实而胃虚。故曰：实而不满，满而不实也。

【释义】脑、髓、骨、脉、胆、子宫，这六者是地气所生，都藏在阴部，象征着地，因此它们储藏而不外泄，被称为奇恒之腑。胃、大肠、小肠、三焦、膀胱，这五者是天气所生，它们的气象象征着天，因此它们外泄而不储藏。这五者接受五脏的浊气，被称为传化之腑，不能长时间停留，是输送和排泄的器官。魄门(肛门)也被五脏役使，食物和水不能长时间停留。

所说的五脏，储藏精气而不外泄，因此是满的但不能过于充实。六腑是转化物质而不储藏,因此可以充实但不能满。所以,当食物和水进入口中,胃就变得充实而肠是空的;食物下行后,肠变得充实而胃就变空了。所以说:充实但不能过满,满的但不能过于充实。

汤液醪醴论篇第十四

【原文】病为本,工为标,标本不得,邪气不服,此之谓也。

【释义】病人为本,医生为标,如果病人医生不配合,邪气就不会消除,说的就是这个道理。

脉要精微论篇第十七

【原文】夫精明五色者,气之华也。赤欲如白裹朱,不欲如赭;白欲如鹅羽,不欲如盐;青欲如苍璧之泽,不欲如蓝;黄欲如罗裹雄黄,不欲如黄土;黑欲如重漆色,不欲如地苍。五色精微象见矣,其寿不久也。夫精明者,所以视万物,别白黑,审短长。以长为短,以白为黑,如是则精衰矣。

五脏者,中之守也。中盛脏满,气胜伤恐者,声如从室中言,是中气之湿也;言而微,终日乃复言者,此夺气也;衣被不敛,言语善恶,不避亲疏者,此神明之乱也;仓廪不藏者,是门户不要也;水泉不止者,是膀胱不藏也。得守者生,失守者死。

夫五脏者,身之强也。头者精明之府,头倾视深,精神将夺矣;背者胸中之府,背曲肩随,府将坏矣;腰者肾之府,转摇不能,肾将惫矣;膝者筋之府,屈伸不能,行则偻附,筋将惫矣;骨者髓之府,不能久立,行则振掉,骨将惫矣。得强则生,失强则死。

【释义】面色与眼睛均是脏腑精气的外华。赤色应该像白绢裹着朱砂一样红润,不应该像赭石那样暗沉;白色应该像鹅毛一样光洁,不应该像盐那样惨白;青色应该像苍璧的光泽一样,不应该像蓝色那样暗沉;黄色应该像包裹着雄黄的丝绸一样,不应该像黄土那样暗沉;黑色

应该像重漆一样有光泽，不应该像大地那样暗沉。五脏之真色显露于外，那么寿命就不会长久。眼睛是观察万物、辨别黑白、判断长短的器官。如果看错长短、黑白，那么说明精气已经衰弱了。

五脏是身体的根本。如果腹气盛，脏气虚满，说话声音像从室内传来，这是中气湿气过重；说话声音微弱，整天才能说几句话，这是正气衰败；不整理衣物，言语不当，不分亲疏，这是精神错乱；不能保存食物，说明胃的功能丧失；小便失禁，说明膀胱功能减弱不能存尿。能保持则生，不能保持则死。

五脏是身体的支柱。头部是精神的居所，如果头部倾斜、目光呆滞，那么精神就要丧失了；背部是胸部的居所，如果背部弯曲、肩膀下垂，那么胸部就要衰败了；腰部是肾脏的居所，如果转动困难，那么肾脏就要衰败了；膝盖是筋的居所，如果屈伸困难，走路弯腰，那么筋就要衰败了；骨骼是髓的居所，如果不能久站，走路颤抖，那么骨骼就要衰败了。能保持五脏功能强健则生，不能保持则死。

平人气象论篇第十八

【原文】平人之常气禀于胃，胃者，平人之常气也，人无胃气曰逆，逆者死。

【释义】正常人的脉气来源于胃，胃气就是平人脉息的正常之气，人如果脉息没有胃气就是逆象，逆象主死。

【原文】胃之大络，名曰虚里。贯膈络肺，出于左乳下，其动应衣，脉宗气也。盛喘数绝者，则病在中；结则横，有积矣；绝不至，曰死。乳之下，其动应衣，宗气泄也。

【释义】胃的主要络脉，名叫虚里，它贯穿横膈，联络肺脏，出于左乳下方，其跳动可以使得衣服随之振动，这是经脉的宗气。如果跳动过盛、急促，或者跳动有间歇，说明病在胸中；如果脉盛有力，横挺指下，时而一止，说明有积聚之症；如果脉搏停止，说明将要死亡。在乳下，其跳动可以使得衣服随之振动,说明宗气外泄。

玉机真脏论篇第十九

【原文】黄帝曰:余闻虚实以决死生,愿闻其情。岐伯曰:五实死,五虚死。

帝曰:愿闻五实五虚。岐伯曰:脉盛,皮热,腹胀,前后不通,闷瞀,此谓五实。脉细,皮寒,气少,泄利前后,饮食不入,此谓五虚。

帝曰:其时有生者,何也?岐伯曰:浆粥入胃,泄注止,则虚者活;身汗得后利,则实者活。此其候也。

【释义】黄帝说:我听说通过虚实可以判断生死,我想知道其中的情况。岐伯说:有五种实证和五种虚证都会导致死亡。

黄帝说:我想知道五种实证和五种虚证是什么。岐伯说:脉搏过强,皮肤过热,腹部胀满,大小便不通,胸腹胀闷,这叫做五种实证。脉搏细弱,皮肤发冷,气短,大小便失禁,不能进食,这叫做五种虚证。

黄帝说:有时候这样也能活下来,这是为什么?岐伯说:如果病人能够吃一些粥,胃能够受纳,泄泻停止,那么虚证的病人就能活下来;如果身体出汗之后能够大小便,那么实证的病人就能活下来。这是判断的依据。

经脉别论篇第二十一

【原文】饮入于胃,游溢精气,上输于脾。脾气散精,上归于肺,通调水道,下输膀胱。水精四布,五经并行。合于四时五脏阴阳,揆度以为常也。

【释义】水液进入胃中,精气从中分散释放被吸收,向上输送到脾。脾散布精气,向上归属于肺,肺能促进水液的输布和排泄,向下输送到膀胱。水谷化生的津液散布在身体各处,上下内外无处不到。与四季、五脏、阴阳相合,并以此来衡量其是否处在常态。

【原文】故春秋冬夏,四时阴阳,生病起于过用,此为常也。

【释义】因此,春夏秋冬四个季节的阴阳变化有自己的规律,生病常因过度使用身体而起,这就是自然规律。

【原文】黄帝问曰:人之居处动静勇怯,脉亦为之变乎?

岐伯对曰:凡人之惊恐恚劳动静,皆为变也。是以夜行则喘出于肾,淫气病肺。有所堕恐,喘出于肝,淫气害脾;有所惊恐,喘出于肺,淫气伤心。度水跌仆,喘出于肾与骨,当是之时,勇者气行则已,怯者则著而为病也。

【释义】黄帝问:人处在不同起居时间、活动、静止、勇敢、胆怯的状态下,脉搏也会随之变化吗?

岐伯回答说:当人处在受到惊吓、恐惧、愤怒、劳累或静止的状态时,脉搏都会有变化。因此,夜行则肾气外泄而喘息,妄行为逆的气会伤害肺。有所坠落而恐者,伤筋损血故喘出于肝,肝气过盛会伤害脾。惊恐则神气散乱,肺藏气,故喘出于肺,心藏神,淫气伤心。水气通于肾,跌扑伤于骨,故喘出焉。这时,勇敢的人气血运行正常就无事,胆怯的人就会生病。

宣明五气篇第二十三

【原文】五劳所伤:久视伤血,久卧伤气,久坐伤肉,久立伤骨,久行伤筋,是谓五劳所伤。

【释义】各种过度劳累对五脏造成的伤害为:长时间视物则伤血,长时间躺卧则阳气不申,故伤气,长时间坐着则血脉滞于四体,故伤肉,长时间站立则伤腰肾膝胫,故伤骨,长时间行走疲劳伤肝伤筋,这就是所谓的五劳所伤。

宝命全形论篇第二十五

【原文】木得金而伐,火得水而灭,土得木而达,金得火而缺,水得土而绝,万物尽然,不可胜竭。

【释义】木遇到金就会被砍伐,火遇到水就会被熄灭,土遇到木就会受到挞罚,金遇到火就会有缺口,水遇到土就会断流,万物都是如此,没有例外。

太阴阳明论篇第二十九

【原文】阳者天气也,主外;阴者地气也,主内。故阳道实,阴道虚。故犯贼风虚邪者,阳受之;食饮不节、起居不时者,阴受之。阳受之则入六腑,阴受之则入五脏。入六腑则身热不时卧,上为喘呼;入五脏则䐜满闭塞,下为飧泄,久为肠澼。故喉主天气,咽主地气。故阳受风气,阴受湿气。

【释义】阳气就像天气,主于体表;阴气就像地气,主于体内。因此,属阳的六腑多外感而为实证,属阴的五脏多内伤而为虚证。遭受外感贼风虚邪时,阳气会受到影响;饮食不节制,生活作息不规律,则阴气会受到影响。阳气受到影响会进入六腑,阴气受到影响会进入五脏。影响到六腑会导致身体发热、睡眠不安、呼吸急促;影响到五脏会导致胸腹胀满、堵塞、腹泻,长期下来会导致肠道疾病。因此,喉司呼吸即是天气的主要通道,咽纳水谷即是地气的主要通道。阳气容易受到风的影响,阴气容易受到湿气的影响。

【原文】故阴气从足上行至头,而下行循臂至指端;阳气从手上行至头,而下行至足。故曰:阳病者,上行极而下,阴病者下行极而上。故伤于风者,上先受之;伤于湿者,下先受之。

【释义】阴气循行经脉从足部上升至头部,然后沿着手臂下行至手指末端;阳气循行经脉从手上升至头部,然后下行至足部。因此,阳经的病邪先循经上行至极点然后下降;阴经的病邪先循经下行至极点然后上升。因此,受到风邪侵袭时,首先影响到头部;受到湿邪侵袭时,首先影响到下部。

【原文】帝曰：脾病而四支不用，何也？岐伯曰：四支皆禀气于胃，而不得至经，必因于脾，乃得禀也。今脾病不能为胃行其津液，四支不得禀水谷气，气日以衰，脉道不利，筋骨肌肉，皆无气以生，故不用焉。

【释义】黄帝问：脾有病时四肢不能正常活动，这是为什么？岐伯回答说：四肢都从胃那里接受水谷之精气，但不能直接到达，必须依赖脾的作用，才能使水谷之精气抵达。现在脾脏有病，不能为胃传输津液，四肢得不到水谷精气，自身的气血逐渐衰弱，经脉不通畅，筋骨和肌肉都无法得到足够的精气来维持正常的功能，因此四肢不能正常活动。

【原文】帝曰：脾与胃以膜相连耳，而能为之行其津液何也？岐伯曰：足太阴者，三阴也，其脉贯胃属脾络嗌，故太阴为之行气于三阴。阳明者表也，五脏六腑之海也，亦为之行气于三阳。脏腑各因其经而受气于阳明，故为胃行其津液。

【释义】黄帝问：脾和胃通过膜相连，为什么脾能使胃中的津液疏布全身？岐伯回答说：足太阴经，是三条阴经之一，其经脉贯穿胃并连接脾和咽喉，因此太阴经能使胃中的气在三条阴经中运行。足阳明经是足太阴经之表，是五脏六腑的水谷精气之海，也能使气在三条阳经中运行。各个脏腑都因为太阴经络接受阳明经的气，因此能为胃运行津液。

热论篇第三十一

【原文】黄帝问曰：今夫热病者，皆伤寒之类也，或愈或死，其死皆以六七日之间，其愈皆以十日以上者，何也？不知其解，愿闻其故。岐伯对曰：巨阳者，诸阳之属也，其脉连于风府，故为诸阳主气也。

【释义】黄帝问：现在的热病，都属于伤寒一类，有的治愈了，有的死亡了，死亡的都在六七天之内，治愈的都在十天以上，这是为什么？我不明白其中的原因，请告诉我。岐伯回答说：太阳经是所有阳经汇聚的地方，它的脉与风府穴相连，因此是所有阳经的主导。

【原文】帝曰:治之奈何?岐伯曰:治之各通其脏脉,病日衰已矣。其未满三日者,可汗而已;其满三日者,可泄而已。

【释义】黄帝说:怎么治疗呢?岐伯说:治疗的方法是让病变所在各脏器的经脉通畅,病邪就会日渐衰减。如果病情不到三天,可以用发汗的方法治疗;如果病情已满三天,可以用泻下的方法治疗。

【原文】帝曰:其病两感于寒者,其脉应与其病形何如?岐伯曰:两感于寒者,病一日,则巨阳与少阴俱病,则头痛口干而烦满;二日,则阳明与太阴俱病,则腹满身热,不欲食,谵言;三日,则少阳与厥阴俱病,则耳聋囊缩而厥;水浆不入,不知人,六日死。

帝曰:五脏已伤,六腑不通,荣卫不行,如是之后,三日乃死,何也?岐伯曰:阳明者,十二经脉之长也,其血气盛,故不知人,三日其气乃尽,故死矣。

凡病伤寒而成温者,先夏至日者为病温,后夏至日者为病暑。

【释义】黄帝说:那些表里同时受到寒邪侵袭的病人,他们的脉搏和病症应该是怎样的?岐伯说:表里同时受到寒邪侵袭的病人,病一天,太阳经和少阴经都会生病,就会出现头痛、口渴和胸中烦闷;病两天,阳明经和太阴经都会生病,就会出现腹胀、发热、不想吃东西、说胡话;病三天,少阳经和厥阴经都会生病,就会出现耳聋、阴囊收缩和昏厥;如果水米不进,神志不清,六天后就会死亡。

黄帝说:五脏已经受伤,六腑不通畅,营气和卫气不能运行,出现像这样的情况之后,三天就会死亡,这是为什么?岐伯说:阳明经在十二经脉中有首要作用,它的血气亢盛,所以病人神志不清,三天后它的气就会耗尽,因此死亡。

所有因伤寒而变成发热病的,如果是在夏至之前发病的叫做温病,在夏至之后发病的叫做暑病。

评热病论篇第三十三

【原文】黄帝问曰:有病温者,汗出辄复热,而脉躁疾不为汗衰,狂言不能食,病名为何?岐伯对曰:病名阴阳交,交者,死也。

帝曰:愿闻其说。岐伯曰:人所以汗出者,皆生于谷,谷生于精。今邪气交争于骨肉而得汗者,是邪却而精胜也。精胜,则当能食而不复热,复热者,邪气也,汗者,精气也,今汗出而辄复热者,是邪胜也,不能食者,精无俾也,病而留者,其寿可立而倾也。且夫《热论》曰:汗出而脉尚躁盛者死。今脉不与汗相应,此不胜其病也,其死明矣。狂言者是失志,失志者死。今见三死,不见一生,虽愈必死也。

【释义】黄帝问:有的温病患者,出汗热解后不久又发热,脉搏躁动快频且不会因为出汗而减弱,胡言乱语且不能进食,这是什么病?岐伯回答说:这种病是阳邪入阴分叫做阴阳交,交意味着死亡。

黄帝说:我想知道其中的道理。岐伯说:人所出的汗,水谷入胃,化生精微。现在邪气在体内与正气争斗而出汗,说明邪气退去而精气胜。如果精气胜,就应该能够进食而不再次发热。再次发热,说明邪气占优势,汗是精气的表现,现在出汗后不久又发热,说明邪气胜出,不能进食,说明精气得不到补益充养,疾病持续存在,意味着生命即将衰亡。况且《热论》中说:出汗后脉搏仍然躁动旺盛的会死亡。现在脉搏节律与出汗不相应,说明不能战胜疾病,死亡是显而易见的。胡言乱语是因为失去了神志,失去神志意味着死亡。现在出现了三种死亡的征兆,却没有一种有生机的表现,即使病情看似好转,最终也必定死亡。

咳论篇第三十八

【原文】黄帝问曰:肺之令人咳,何也?岐伯对曰:五脏六腑皆令人咳,非独肺也。

【释义】黄帝问:肺为什么会使人咳嗽?岐伯回答说:五脏六腑都能使人咳嗽,不只是肺。

【原文】人与天地相参,故五脏各以治时,感于寒则受病,微则为咳,甚者为泄为痛。乘秋则肺先受邪,乘春则肝先受之,乘夏则心先受之,乘至阴则脾先受之,乘冬则肾先受之。

【释义】人与天地相互关联,因此五脏各有其所主的时节,感受到寒邪就会生病,轻微的表现为咳嗽,严重的表现为泄泻和疼痛。如果是在秋天,那么肺首先受到邪气侵袭;如果是在春天,那么肝首先受到邪气侵袭;如果是在夏天,那么心首先受到邪气侵袭;如果是在长夏(即夏至后立秋前),那么脾首先受到邪气侵袭;如果是在冬天,那么肾首先受到邪气侵袭。

【原文】此皆聚于胃,关于肺,使人多涕唾而面浮肿气逆也。

【释义】这些邪气都聚集在胃中,影响到肺,使人出现多涕、多唾、面部浮肿和气逆等症状。

举痛论篇第三十九

【原文】帝曰:善。余知百病生于气也。怒则气上,喜则气缓,悲则气消,恐则气下,寒则气收,炅则气泄,惊则气乱,劳则气耗,思则气结。九气不同,何病之生?

【释义】黄帝说:很好。我知道各种疾病都是由于气机失调引起的。发怒会使气上逆,高兴会使气舒缓,悲伤会使气消沉,恐惧会使气下行,寒冷会使气收敛,炎热会使气外泄,受惊会使气紊乱,劳累过度会使气消耗,思虑过度会使气郁结。这九种气的变化不同,会导致不同的疾病。

【原文】帝曰:愿闻人之五脏卒痛,何气使然?岐伯对曰:经脉流行不止,环周不休。寒气入经而稽迟,泣而不行,客于脉外则血少,客于脉中则气不通,故卒然而痛。

【释义】黄帝说:我想知道人的五脏突然疼痛,是什么原因导致的?岐伯回答说:经脉中的气血流动不止,循环往复。寒邪侵入经脉后导致气血阻塞,停滞不行,停留在脉外或脉中就会导致血行衰少或不畅,因此突然疼痛。

痹论篇第四十三

【原文】黄帝问曰：痹之安生？岐伯对曰：风寒湿三气杂至，合而为痹也。其风气胜者为行痹，寒气胜者为痛痹，湿气胜者为著痹也。

帝曰：其有五者，何也？岐伯曰：以冬遇此者为骨痹；以春遇此者为筋痹；以夏遇此者为脉痹；以至阴遇此者为肌痹；以秋遇此者为皮痹。

帝曰：内舍五脏六腑，何气使然？岐伯曰：五脏皆有合，病久而不去者，内舍于其合也。故骨痹不已，复感于邪，内舍于肾；筋痹不已，复感于邪，内舍于肝；脉痹不已，复感于邪，内舍于心；肌痹不已，复感于邪，内舍于脾；皮痹不已，复感于邪，内舍于肺。所谓痹者，各以其时重感于风寒湿之气也。

【释义】黄帝问：痹病是怎样产生的？岐伯回答说：风、寒、湿三种邪气交织在一起，就形成了痹病。其中风邪偏盛的叫做行痹，寒邪偏盛的叫做痛痹，湿邪偏盛的叫做著痹。

黄帝问：痹病有五种，这是为什么？岐伯说：在冬天得这种病的叫做骨痹，在春天得这种病的叫做筋痹，在夏天得这种病的叫做脉痹，在长夏得这种病的叫做肌痹，在秋天得这种病的叫做皮痹。

黄帝问：这种病邪滞留在五脏六腑，是什么原因导致的？岐伯说：五脏都有相应的经络相连，如果病邪长时间停留在体内不消散，就会进入与其经络相连的脏器。因此，骨痹长时间不愈，再次受到邪气侵袭，就会进入肾脏；筋痹长时间不愈，再次受到邪气侵袭，就会进入肝脏；脉痹长时间不愈，再次受到邪气侵袭，就会进入心脏；肌痹长时间不愈，再次受到邪气侵袭，就会进入脾脏；皮痹长时间不愈，再次受到邪气侵袭，就会进入肺脏。所谓的痹病，就是根据季节不同而受到风寒湿邪的侵袭。

【原文】帝曰：善。痹，或痛，或不痛，或不仁，或寒，或热，或燥，或湿，其故何也？岐伯曰：痛者，寒气多也，有寒故痛也。其不痛不仁者，病久入深,荣卫之行涩,经络时疏,故不痛,皮肤不营,故为不仁。其寒者,阳气少,阴气多,与病相益,故寒也。其热者,阳气多,阴气少,病气胜,阳遭阴,故为痹热。其多汗而濡者,此其逢湿甚也。阳气少,阴气盛,两气相感,故汗出而濡也。

帝曰:夫痹之为病,不痛何也?岐伯曰:痹在于骨则重,在于脉则血凝而不流,在于筋则屈不伸,在于肉则不仁,在于皮则寒。故具此五者,则不痛也。凡痹之类,逢寒则虫,逢热则纵。

帝曰:善。

【释义】黄帝说:很好。痹病有的疼痛,有的不疼痛,有的没有感觉,有的寒,有的热,有的燥,有的湿,这是什么原因?岐伯说:疼痛是因为寒气过多阻碍气血运行,有寒气所以疼痛。那些不痛也没有感觉的,是因为病邪长时间侵入体内,营气和卫气的流动不畅,经络的气血不足,导致气血不通,皮肤失去营养,所以没有感觉。寒冷是因为阳气不足,阴气过盛,与病邪相助,所以感到寒冷。发热是因为阳气过盛,阴气不足,病邪亢盛,阴不胜阳,变化而为热,所以成为热痹。出汗多且皮肤黏腻的人,是因为受到的湿邪过重。阳气不足,阴气过盛,两气相互作用,所以出汗多且皮肤黏腻。

黄帝说:痹作为一种病,为什么不痛呢?岐伯说:痹病在骨则感觉无力沉重,在血脉则血液凝滞不流畅,在筋则筋脉屈曲不能伸直,在肉则没有感觉,在皮肤则感觉寒凉。所以具备这五种情况,就不会感到疼痛。所有痹病,遇到寒邪则收缩,遇到热邪则松弛。

黄帝说:很好。

痿论篇第四十四

【原文】黄帝问曰:五脏使人痿,何也?岐伯对曰:肺主身之皮毛,心主身之血脉,肝主身之筋膜,脾主身之肌肉,肾主身之骨髓。故肺热叶焦,则皮毛虚弱,急薄着则生痿躄也。心气热,则下脉厥而上,上则下

脉虚,虚则生脉痿,枢折挈,胫纵而不任地也。肝气热,则胆泄口苦筋膜干,筋膜干则筋急而挛,发为筋痿。脾气热,则胃干而渴,肌肉不仁,发为肉痿。肾气热,则腰脊不举,骨枯而髓减,发为骨痿。

【释义】黄帝问:五脏功能出现异常可以使人发生痿病,这是为什么?岐伯回答说:肺主身体的皮毛,心主身体的血脉,肝主身体的筋膜,脾主身体的肌肉,肾主身体的骨髓。因此,肺热会使肺叶受到热邪损伤,阴液受损,导致皮毛虚弱,皮肤紧缩就会肢体软弱无力。心气过热,会使下部血脉逆流而上,下部血脉空虚,虚就会发生脉痿,关节如同枢轴折断不能活动,小腿松弛无力不能行走。肝气过热,会使胆汁外泄口苦筋膜干燥,筋膜干燥就会导致筋脉紧张而挛缩,发生筋痿。脾气过热,会使胃液干燥而口渴,肌肉失去知觉,发生肉痿。肾气过热,会使腰脊无力抬起,骨骼枯萎骨髓减少,发生骨痿。

【原文】帝曰:如夫子言可矣。论言治痿者独取阳明,何也?岐伯曰:阳明者,五脏六腑之海,主润宗筋,宗筋主束骨而利机关也。冲脉者,经脉之海也,主渗灌溪谷,与阳明合于宗筋,阴阳揔宗筋之会,会于气街,而阳明为之长,皆属于带脉,而络于督脉。故阳明虚则宗筋纵,带脉不引,故足痿不用也。

帝曰:治之奈何?岐伯曰:各补其荥而通其俞,调其虚实,和其逆顺,筋脉骨肉,各以其时受月,则病已矣。

【释义】黄帝说:就像你说的那样,很好。医书说治疗痿病主要取用阳明经,这是为什么?岐伯说:阳明经是五脏六腑的水谷精微之海,主要负责滋养宗筋,宗筋负责约束骨骼并便利关节的活动。冲脉是经脉的大海,负责渗透灌溉各个溪谷滋润全身孔穴,与阳明经在宗筋相合,交汇在气街,而阳明经是它们的首领,都属于带脉,而联络于督脉。因此,阳明经气虚就会导致宗筋松弛,带脉不能牵引,所以脚痿弱而无法正常工作。

黄帝说:怎么治疗呢?岐伯说:分别针刺以补其荥穴并通其俞穴,

调整其虚实,调和其逆顺,筋脉骨肉,各自按照其脏腑受气之月针刺治疗,病就会好了。

调经论篇第六十二

【原文】夫邪之生也,或生于阴,或生于阳。其生于阳者,得之风雨寒暑;其生于阴者,得之饮食居处,阴阳喜怒。

【释义】邪气产生的原因,有的来自阴,有的来自阳。那些来自阳的,是因为遭受了风雨寒暑的侵袭;那些来自阴的,是因为饮食不当、居住环境不适以及情绪波动造成的。

【原文】气血以并,阴阳相倾,气乱于卫,血逆于经,血气离居,一实一虚。

【释义】人体血气阴阳的偏盛偏衰,气在卫分(体表)中紊乱表现为气实,血在经脉中逆行表现为血实,气血偏聚而不能相行,气血则一虚一实。

【原文】夫心藏神,肺藏气,肝藏血,脾藏肉,肾藏志,而此成形。志意通,内连骨髓,而成身形五脏。五脏之道,皆出于经隧,以行血气,血气不和,百病乃变化而生,是故守经隧焉。

【释义】心藏神,肺藏气,肝藏血,脾藏肉,肾藏志,这些共同构成了人的形体。意志通达,内连骨髓,而形成了人的身形和五脏。五脏之所以能藏五神而生诸身形,都是通过经脉来运行血气,血气不和谐,各种疾病就会变化而生,因此要守护经脉。

六微旨大论篇第六十八

【原文】出入废则神机化灭,升降息则气立孤危。故非出入,则无以生长壮老已;非升降,则无以生长化收藏。是以升降出入,无器不有。故器者生化之宇,器散则分之,生化息矣。故无不出入,无不升降。化有小大,期有近远,四者之有,而贵常守,反常则灾害至矣。

【释义】如果生命体与外界物质信息的出入停止,生命活动的调控和运转就会停止;如果体内物质信息的升降流转停止,生命体与外界的物质信息交换就会衰微。因此,没有出入,生物就无法经历生长、壮大、衰老和死亡的自然周期;没有升降,生物体精神物质各方面生发、壮大、转化、成熟、潜藏的过程就无法进行。所有事物作为一个整体都有升降出入的现象。这个整体是其生命活动发生的场所,一旦完整性被打破,生命活动就会停止。因此,所有事物都在不停地进行着出入和升降的活动。生命活动的变化有大有小,周期有长有短,这四者都应当保持正常,如果反常,就会产生灾害。

【原文】亢则害,承乃制。制则生化,外列盛衰,害则败乱,生化大病。

【释义】过于亢奋则有害,受到抵御就会变得有节制。节制有序生命就能正常运转变化,从而盛衰有序,如果规律受到迫害则气血衰败秩序混乱,从而产生疾病。

五常政大论第七十

【原文】化不可代,时不可违。

【释义】万物的自然变化不可人力替代,自然万物的变化规律不可违背。

至真要大论篇第七十四

【原文】寒者热之,热者寒之,微者逆之,甚者从之,坚者削之,客者除之,劳者温之,结者散之,留者攻之,燥者濡之,急者缓之,散者收之,损者温之,逸者行之,惊者平之,上之下之,摩之浴之,薄之劫之,开之发之,适事为故。

帝曰:何谓逆从?岐伯曰:逆者正治,从者反治,从少从多,观其事也。

帝曰：反治何谓？岐伯曰：热因热用，寒因寒用，塞因塞用，通因通用，必伏其所主，而先其所因，其始则同，其终则异，可使破积，可使溃坚，可使气和，可使必已。

帝曰：善。气调而得者何如？岐伯曰：逆之从之，逆而从之，从而逆之，疏气令调，则其道也。

【释义】治疗寒证用热药，治疗热证用寒药，病邪轻微的逆其病邪而治，病邪严重的从其病邪而治，病邪坚实的削弱它，病邪停留的驱除它，病邪使人劳损的温养它，病邪淤浊凝结的解散它，病邪固着的攻破它，病邪干燥的濡润它，病邪急促的缓解它，病邪使人耗散的收敛它，病邪使人损伤的温补它，安逸致病的使其活动，惊恐致病的使其平静，病邪在上的使之下降，在下的使之上升，用按摩、洗浴、贴敷、刺血、开通、发散等方法，根据病情选择合适的治疗措施。

黄帝问：什么是逆治和从治？岐伯说：逆其病者是正治，从其病者是反治，根据病情的轻重来决定治疗的方法。

黄帝问：什么是反治？岐伯说：用热治热，用寒治寒，用补治补，用泻治泻，必须压制病邪根本，但要先除去病因，开始用药与疾病的病象似乎是相同的，但其实质药性与疾病性质相反，可以用来消除积块，可以用来溃散坚块，可以用来调和气血，可以使疾病痊愈。

黄帝说：说得好。气机调畅而病愈的是怎样的？岐伯说：逆治、从治，或者先逆后从，或者先从后逆，疏通气机使气机调畅，这就是治疗的方法。

【原文】谨察阴阳所在而调之，以平为期，正者正治，反者反治。

【释义】要谨慎地观察三阴三阳的病变所在来调整，以达到平衡为目的，正病用正法治，反病用反法治。

灵 枢

本输第二

【原文】肺合大肠,大肠者,传道之腑。心合小肠,小肠者,受盛之腑。肝合胆,胆者,中精之腑。脾合胃,胃者,五谷之腑。肾合膀胱,膀胱者,津液之腑也。少阳属肾,肾上连肺,故将两脏。三焦者,中渎之腑也,水道出焉,属膀胱,是孤之腑也。是六腑之所与合者。

【释义】肺与大肠相配合,大肠是传导糟粕的腑。心与小肠相配合,小肠是受纳的腑。肝与胆相配合,胆是储存精气的腑。脾与胃相配合,胃是存储五谷的腑。肾与膀胱相配合,膀胱是存储津液的腑。手少阳三焦经隶属于肾,肾向上连接肺,因此肾统领两个脏器。三焦是像沟渠一样通行津液的腑,水道从此而来,隶属于膀胱,是独立的腑。是六腑都与其相配合的脏器。

本神第八

【原文】故生之来谓之精,两精相搏谓之神,随神往来者谓之魂,并精而出入者谓之魄,所以任物者谓之心,心有所忆谓之意,意之所存谓之志,因志而存变谓之思,因思而远慕谓之虑,因虑而处物谓之智。

【释义】因此,育成身形的最初物质叫做精,阴阳两精相互结合产生的生命活动叫做神,随着神的往来活动而出现的知觉机能叫做魂,和精气一同出入而产生的运动机能称为魄,承担认知分析外界事物的称为心,心有所追忆而萌动的称为意,意念确定称之为志向,根据志而产生的思考变化的称为思,因思考而产生的远近比较称为虑,经过全面分析综合而对事物做出最后判断并进行处理称为智。

【原文】肝藏血,血舍魂,肝气虚则恐,实则怒。脾藏营,营舍意,脾气虚则四肢不用,五脏不安,实则腹胀,经溲不利。心藏脉,脉舍神,心气虚则悲,实则笑不休。肺藏气,气舍魄,肺气虚则鼻塞不利,少气,实则喘喝,胸盈仰息。肾藏精,精舍志,肾气虚则厥,实则胀,五脏不安。

【释义】肝贮藏血液,血是魂的寓所,肝气虚弱会易恐惧,肝气过实则会易发怒。脾藏营,营是意的寓所,脾气虚弱会导致四肢无力,五脏不安,脾气过实则会导致腹部胀满,月经和小便不利。心藏脉,脉是神的寓所,心气虚弱会易悲伤,心气过实则会导致笑个不停。肺藏气,气是魄的寓所,肺气虚弱会鼻塞,呼吸不畅,肺气过实则会导致气喘,胸部胀满,呼吸困难。肾藏精,精是志的寓所,肾气虚弱会导致厥逆,肾气过实则会导致肿胀,五脏不安。

经脉第十

【原文】雷公问于黄帝曰:《禁脉》之言,凡刺之理,经脉为始。营其所行,制其度量,内次五脏,外别六腑,愿尽闻其道。黄帝曰:人始生,先成精,精成而脑髓生,骨为干,脉为营,筋为刚,肉为墙,皮肤坚而毛发长,谷入于胃,脉道以通,血气乃行。

雷公曰:愿卒闻经脉之始生。黄帝曰:经脉者,所以能决死生,处百病,调虚实,不可不通。

【释义】雷公问黄帝:《禁脉》中说,针刺的原理,从研究经脉开始。经营循十二经诸络脉等所行之气,并得之脉之长短度量,内排列五脏,外辨别六腑,我想知道其中的道理。黄帝说:人最初形成时,首先形成精气,精气形成后脑髓就形成,骨支撑人体如干,脉运行气血如营,筋性刚劲坚韧约束骨骼,肉保护内脏如墙,皮肤坚固而毛发生长,水谷进入胃中,经脉通畅,血气才能良好流动。

雷公说:我想知道经脉最初是如何生成的。黄帝说:经脉能够决定生死,处理解决各种疾病,调节虚实,必须保持畅通。

营卫生会第十八

【原文】人受气于谷,谷入于胃,以传与肺,五脏六腑,皆以受气,其清者为营,浊者为卫,营在脉中,卫在脉外,营周不休,五十而复大会,阴阳相贯,如环无端。卫气行于阴二十五度,行于阳二十五度,分为昼夜,故气至阳而起,至阴而止。

【释义】人从谷物中获得精气,谷物进入胃中,然后经脾气升散而上归于肺,五脏六腑都以此接受精气,其中阴气柔和者为清营,阳气刚悍者为浊卫。营气行于血脉之中,卫气行于血脉之外,营气在体内循环不息,营卫之气各在体内经历五十次循环后会合,阴经与阳经相互贯通,就像一个没有开头的环。卫气在阴经中运行二十五周,在阳经中运行二十五周,分为昼夜,所以卫气的循行,从属阳的头部起始,到手足阴经为止。

【原文】壮者之气血盛,其肌肉滑,气道通,营卫之行,不失其常,故昼精而夜瞑。老者之气血衰,其肌肉枯,气道涩,五脏之气相抟,其营气衰少而卫气内伐,故昼不精,夜不瞑。

【释义】身强力壮的人气血旺盛,肌肉饱满圆润,气道畅通,营气和卫气的运行正常,因此白天精神好,晚上睡眠好。老年人气血衰弱,肌肉干枯,人体精气的通道不通畅,五脏的功能不协调,营气衰弱,卫气内扰克伐营气,因此白天精神不振,晚上睡眠不佳。

决气第三十

【原文】黄帝曰:余闻人有精、气、津、液、血、脉,余意以为一气耳,今乃辨为六名,余不知其所以然。岐伯曰:两神相搏,合而成形,常先身生,是谓精。

何谓气?岐伯曰:上焦开发,宣五谷味,熏肤,充身,泽毛,若雾露之溉,是谓气。

何谓津？岐伯曰：腠理发泄,汗出溱溱,是谓津。

何谓液？岐伯曰：谷入气满,淖泽注于骨,骨属屈伸,泄泽补益脑髓,皮肤润泽,是谓液。

何谓血？岐伯曰：中焦受气取汁,变化而赤,是谓血。

何谓脉？岐伯曰：壅遏营气,令无所避,是谓脉。

【释义】黄帝说：我听说人有精、气、津、液、血、脉六种,我认为它们本质上是一样的,但现在却被区分为六种不同的名称,我不知道为什么。岐伯回答说：父母精气相聚,结合成形体,通常在身体发育形成之前就产生,这就是精。

什么是气？岐伯说：由上焦开泄宣发,宣发水谷五味的精微,温和皮肤,充实身体,滋润毛发,像雾露一样灌溉,这就是气。

什么是津？岐伯说：腠理发泄,出很多汗,这就是津。

什么是液？岐伯说：水谷入胃,人体精气充足,浓稠的精微物质注入骨骼,骨的关节即附属部分能屈能伸,渗出的津液润泽补益脑髓,皮肤润泽,这就是液。

什么是血？岐伯说：中焦接受水谷之气汲取其中的精华,变化成红色,这就是血。

什么是脉？岐伯说：约束营气,使其无法四处逸散行于脉中,这就是脉。

五癃津液别第三十六

【原文】五脏六腑,心为之主,耳为之听,目为之候,肺为之相,肝为之将,脾为之卫,肾为之主外。

【释义】在五脏六腑中,心如君主一般主宰五脏六腑,耳负责听,眼睛负责观察,肺如宰相一样调节全身气机,肝如将军一样主疏泄和谋虑，脾主肌肉而保护机体，肾主骨而支撑身体，所以可以主人体的外部。

顺气一日分为四时第四十四

【原文】夫百病之所始生者，必起于燥湿寒暑风雨，阴阳喜怒，饮食居处，气合而有形，得脏而有名。余知其然也。

【释义】各种疾病的产生，一定是从干燥、湿润、寒冷、暑热、风雨以及阴阳失衡、情绪波动、饮食不当、起居失常等因素开始的，邪气相合于脏而病形成，得其分脏而病名别。我了解这些情况。

本脏第四十七

【原文】人之血气精神者，所以奉生而周于性命者也。经脉者，所以行血气而营阴阳，濡筋骨，利关节者也；卫气者，所以温分肉，充皮肤，肥腠理，司开阖者也；志意者，所以御精神，收魂魄，适寒温，和喜怒者也。是故血和则经脉流行，营覆阴阳，筋骨劲强，关节清利矣；卫气和则分肉解利，皮肤调柔，腠理致密矣；志意和则精神专直，魂魄不散，悔怒不起，五脏不受邪矣；寒温和则六腑化谷，风痹不作，经脉通利，肢节得安矣，此人之常平也。

【释义】人的血、气、精神是维持生命和生命活动的基本物质。经脉是运行血气以营运气血于三阴三阳之经、滋润筋骨、通利关节的；卫气是温暖肌理、充实皮肤、滋养腠理、管理毛孔开闭的；意志是控制精神、收敛魂魄、适应寒温、调和喜怒的。因此，血的功能与人体运转相配合，经脉就能正常流动，营养滋润周身，筋骨强健，关节灵活；卫气的功能与人体运转相配合，肌肉就能得到充分的营养，皮肤柔润，腠理紧密；意志的功能与人体运转相配合，精神就能集中，魂魄不散，情绪稳定，五脏不易受邪气侵犯；寒温调和，六腑能正常消化排泄食物，外不受风邪，气血不会痹阻不通，经脉畅通，四肢关节活动正常，这是人的常态。

五色第四十九

【原文】沉浊为内,浮泽为外,黄赤为风,青黑为痛,白为寒,黄而膏润为脓,赤甚者为血,痛甚为挛,寒甚为皮不仁。五色各见其部,察其浮沉,以知浅深;察其泽夭,以观成败;察其散抟,以知远近;视色上下,以知病处;积神于心,以知往今。

【释义】脉象深沉浊重的属于内在的病症,脉象浮滑的属于外在的病症,面色黄赤的是有风病,青黑色的是痛症,白色的是寒症,黄色且润泽的是有脓,赤色明显的是有出血,痛症严重的会导致痉挛,寒症严重的会导致皮肤麻木。五色在面部的表现能反映其各自对应的脏腑,观察其浮沉,可以知道疾病的浅深;观察其润泽与枯槁,可以判断疾病的成败;观察其分散与集中,可以知道病处的远近;观察颜色在面部的上下位置,可以知道病变的部位;集中精神细心观察,可以知道病变的过去和现在。

天年第五十四

【原文】以母为基,以父为楯,失神者死,得神者生也。

血气已和,荣卫已通,五脏已成,神气舍心,魂魄毕具,乃成为人。

【释义】人的形成以母亲为基础,以父亲为外卫,丧失神气就会死亡,有了神气才能生存。

血气已经和谐,荣气和卫气已经运行通畅,五脏已经形成,神气藏于心,魂魄全部具备,才能成为一个完整的人。

水胀第五十七

【原文】黄帝问于岐伯曰:水与肤胀、鼓胀、肠覃、石瘕、石水,何以别之? 岐伯答曰:水始起也,目窠上微肿,如新卧起之状,其颈脉动,时咳，阴股间寒，足胫肿，腹乃大，其水已成矣。以手按其腹，随手而起，如裹水之状，此其候也。

黄帝曰：肤胀何以候之？岐伯曰：肤胀者，寒气客于皮肤之间，𪗪然不坚，腹大，身尽肿，皮厚，按其腹，窅而不起，腹色不变，此其候也。

鼓胀何如？岐伯曰：腹胀身皆大，大与肤胀等也，色苍黄，腹筋起，此其候也。

【释义】黄帝问岐伯：怎样区分水肿与肤胀、鼓胀、肠覃、石瘕、石水这些病症？岐伯回答说：水肿刚发生时，眼睑微肿，好像刚睡醒的样子，颈部脉搏跳动，有时咳嗽，大腿内侧感到寒冷，小腿肿胀，腹部胀大，就已经形成水肿了。用手按压腹部，随着手的抬起，腹部随之弹起，就像包裹着水的样子，这就是水肿的特征。

黄帝问：肤胀如何诊断？岐伯说：肤胀，是因为寒气停留在皮肤之间，腹部胀大，用手叩击如鼓之中空不实，全身都肿，皮肤变厚，按压腹部，深陷而不易弹起，腹部肤色没有变化，这就是肤胀的特征。

鼓胀是怎样的？岐伯说：鼓胀时腹部和全身都胀大，肿胀的程度和肤胀相似，但肤色呈现苍黄，腹部的静脉显露，这就是鼓胀的特征。

百病始生第六十六

【原文】黄帝问于岐伯曰：夫百病之始生也，皆生于风雨寒暑，清湿喜怒。喜怒不节则伤脏，风雨则伤上，清湿则伤下。三部之气，所伤异类，愿闻其会。岐伯曰：三部之气各不同，或起于阴，或起于阳，请言其方。喜怒不节则伤脏，脏伤则病起于阴也，清湿袭虚，则病起于下，风雨袭虚，则病起于上。是谓三部，至于其淫泆，不可胜数。

黄帝曰：余固不能数，故问先师。愿卒闻其道。岐伯曰：风雨寒热不得虚，邪不能独伤人。卒然逢疾风暴雨而不病者，盖无虚，故邪不能独伤人，此必因虚邪之风，与其身形，两虚相得，乃客其形，两实相逢，众人肉坚。其中于虚邪也,因于天时,与其身形,参以虚实,大病乃成,气有定舍,因处为名,上下中外,分为三员。

【释义】黄帝问岐伯:大多数疾病产生的源头,都是因为风雨寒暑,寒湿以及情绪上的喜怒,如果情绪不节制就会伤害内脏,风雨易伤害身体上部,寒湿易伤害身体下部。这三种气伤害的部位不同,我想知道它们的要点。岐伯说:三部之气各有不同,有的从阴开始,有的从阳开始,请让我娓娓道来。如果不调节情绪就会伤害五脏,五脏受伤疾病就从阴开始,如果寒湿乘虚侵袭人体,疾病就从下半身开始,如果风雨乘虚侵袭人体,疾病就从上半身开始。这就是所谓的三部之气的情况,至于其蔓延扩散,是数不清的。

黄帝说:我确实数不清,因此向您请教。希望您能详细告诉我其中的道理。岐伯说:风雨寒暑遇到身体强健的人,邪气不能侵害人体。突然遇到狂风暴雨而不生病的人,是因为身体正气不虚弱,所以邪气不能侵害人体。外来致病因素与人体处于虚弱之时相遇,才会侵入人体。如果人体正气充足、自然界气候正常,那么大多数人就会健康无病。受到外来致病邪气侵入的人,反常的气候和虚弱的身体结合邪盛正虚,大病就形成了。邪气有固定的居所,根据居所来命名,分为上、下、外三部分。

大惑论第八十

【原文】五脏六腑之精气,皆上注于目而为之精。精之窠为眼,骨之精为瞳子,筋之精为黑眼,血之精为络,其窠气之精为白眼,肌肉之精为约束,裹撷筋骨血气之精而与脉并为系,上属于脑,后出于项中。

【释义】五脏六腑的精气都上升注入眼睛并使眼睛能够视物。五脏六腑的精气汇聚于眼睛,肾之精气上注于瞳孔,肝之精气上注于瞳孔外的黑精,心之精气上注于脉络,肺之精气上注于白眼球,脾之精气上注于眼睑,五脏六腑的精气被裹挟并与经脉一同连接,向上连属于脑部,后面出于颈项之中。

延伸阅读

治未病

未病先防源自《黄帝内经》,历代医家乃至现代医学对治未病思想都极为重视,并将其发扬光大。2000多年来,众多医家通过长期临床实践,不断完善治未病思想,使之成为中医预防保健理论体系。该体系由三个层次即"未病先防、既病防变、瘥后防复"。其中未病先防是着力于未雨绸缪,养生防病;既病防变是料在机先,阻截已病后的变化,以防疾病进一步恶化和转变;瘥后防复则着眼于病后扶助人体正气,促进疾病康复,防治疾病复发。现代医学也正从"疾病医学"向"健康医学"发展,从"重疾病治疗"向"重疾病预防"转变,从强调医生作用向重视病人的自我保健作用发展。

治未病与现代医学的三级预防思想也有着许多契合之处。"体质三级预防学说"是针对不同人群制订相应的预防保健措施。一级预防是针对个体体质的特殊性,积极改善特殊体质,增强自身的抵抗力,从而实现对特殊人群的病因预防,阻止相关疾病的发生;二级预防是临床前期预防,即在疾病的临床前期做好早期发现、早期诊断、早期治疗的"三早"预防措施;三级预防是临床预防,对已患某些疾病者,结合体质的特异性及时治疗,防止恶化。

第二单元 《伤寒杂病论》选读

《伤寒杂病论》及其学术思想

《伤寒杂病论》是东汉张仲景所著，在流传的过程中有亡佚，经后人整理编纂，其中外感热病内容结集为《伤寒论》，杂病结集为《金匮要略》。

伤寒是中国古人对外感热病的通称，并不是某一疾病的专门病名。《伤寒论》全书10卷，共22篇，列方113首。第一卷为"辨脉法"和"平脉法"两篇，主要论述伤寒及杂病的脉、证与预后。第二卷为"伤寒例""辨痉湿暍脉证""太阳病脉证并治上"，主要总论六经发生、发展、治疗、预后的一般规律、痉湿暍的证治。第三卷至第六卷，主要论述太阳、阳明、少阳、太阴、少阴、厥阴等六经病的脉、证、治疗与预后。第七卷至第十卷主要论述霍乱、阴阳易、劳复的证治及伤寒病的可汗不可汗、可吐不可吐、可下不可下等。

《金匮要略》，全称《金匮要略方论》，简称《金匮》。晋唐以后，对有价值的医书称为"金匮""玉函"。金匮，即以金为匮（柜）；要略，要领、韬略之意。以此为名，寓意本书内容精要，有方有论，价值珍贵，应当慎重保藏。《金匮要略》以疾病分篇，全书共分二十五个独立篇章。

《伤寒杂病论》是我国第一部理法方药完备、理论联系实际的临床著作，是中医药学术发展史上具有辉煌成就与重要价值的一部经典著作，是继《黄帝内经》《难经》等中医经典理论著作之后，系统总结了汉以前的医学成就，揭示了外感热病及杂病的诊治规律，发展并完善了六经辨证的理论体系，从而奠定了中医临床医学的基础。《伤寒杂病论》所创立的融理、法、方、药为一体的辨证论治理论体系，蕴含着丰富的中医学的原创性思维，具有很高的实用价值和科学水平，它既适用于外感热病，也适用于内伤杂病，长期以来一直有效地指导着历代医家的临床实践，并对中医药学术的发展产生了重要的影响。

《伤寒杂病论》选篇解读

辨太阳病脉证并治（上）

【原文】太阳之为病，脉浮，头项强痛而恶寒。

【释义】太阳病的症候，以脉象浮、头痛、项部拘紧疼痛、恶寒（怕冷）为主要症状。

【原文】太阳病，发热，汗出，恶风，脉缓者，名为中风。

【释义】太阳病，发热，自汗出，恶寒怕风，脉象浮缓的，就叫作中风。

【原文】太阳病，或已发热，或未发热，必恶寒，体痛，呕逆，脉阴阳俱紧者，名曰伤寒。

【释义】太阳病，已经发热或者尚未发热，恶寒，周身疼痛，干呕厉害，寸关尺三部脉俱现浮紧之象的，就叫作伤寒。

【原文】太阳病，发热而渴，不恶寒者，为温病。

【释义】太阳病，发热口渴，不恶寒的，就叫作温病。

【原文】病有发热恶寒者，发于阳也；无热恶寒者，发于阴也。发于阳，七日愈；发于阴，六日愈。以阳数七阴数六故也。

【释义】外感病有发热恶寒症状的，多为阳经的证候；无发热恶寒症状的，多为阴经的证候。病在阳经的，大约七天可以痊愈；病在阴经的，大约六天可以痊愈。因为七是阳数，六是阴数。

【原文】病人身大热，反欲得衣者，热在皮肤，寒在骨髓也；身大寒，反不欲近衣者，寒在皮肤，热在骨髓也。

【释义】病人身上热得很厉害，反而想要多穿衣服，是肌肤外在有热的表象,实质骨髓内脏有寒;病人全身发冷,反而不想穿衣盖被,是肌肤外在有寒的表象,实质骨髓脏腑有热。

【原文】太阳中风,阳浮而阴弱,阳浮者,热自发;阴弱者,汗自出。啬啬恶寒,淅淅恶风,翕翕发热,鼻鸣干呕者,桂枝汤主之。

【释义】太阳病中风,脉象轻取见浮,沉取见弱,在发热的同时自己出汗。恶风恶寒就像冷水浇身一样,浅表发热,鼻息鸣响(鼻塞不通畅)而且干呕,应该用桂枝汤治疗。

【原文】太阳病,头痛发热,汗出恶风者,桂枝汤主之。

【释义】太阳病,有头痛、发热、汗出、畏风症状出现的,桂枝汤都可主治。

【原文】太阳病,项背强几几,反汗出恶风者,桂枝加葛根汤主之。

【释义】太阳病,项背部强直拘急、俯仰不得自如,反而出汗恶风的,用桂枝加葛根汤治疗。

【原文】喘家,作桂枝汤加厚朴、杏子佳。

【释义】素有喘病的人,可以用桂枝汤加厚朴、杏仁治疗,效果更佳。

【原文】太阳病,发汗,遂漏不止,其人恶风,小便难,四肢微急,难以屈伸者,桂枝加附子汤主之。

【释义】太阳病,发汗太过导致汗出淋漓不止,病人恶风,小便短不畅,四肢微感拘急疼痛,屈伸困难的,用桂枝加附子汤治疗。

【原文】太阳病,下之后,脉促胸满者,桂枝去芍药汤主之。若微恶寒者,桂枝去芍药加附子汤主之。

【释义】太阳病,误用了下法之后,出现脉促,心胸满闷,用桂枝去芍药汤治疗;如果脉微、恶寒的,用桂枝去芍药加附子汤治疗。

【原文】服桂枝汤,大汗出后,大烦,渴不解,脉洪大者,白虎加人参汤主之。

【释义】服了桂枝汤后,病人出很多的汗,心烦,口渴很厉害,饮水不能缓解,脉象洪大的,用白虎加人参汤治疗。

【原文】服桂枝汤,或下之,仍头项强痛,翕翕发热,无汗,心下满微痛,小便不利者,桂枝去桂加茯苓白术汤主之。

【释义】服了桂枝汤,或使用了泻下法后,病人仍然头痛,项部拘急疼痛,犹如被皮毛覆盖一样发热、无汗,胃脘部胀满微痛,小便不通畅的,用桂枝汤去桂加茯苓白术汤治疗。

辨太阳病脉证并治(中)

【原文】太阳病,项背强几几,无汗,恶风,葛根汤主之。

【释义】太阳病,项背强直拘急、俯仰不得自如,没有汗而恶风的,用葛根汤治疗。

【原文】太阳与阳明合病者,必自下利,葛根汤主之。

【释义】太阳病与阳明病合病,又有腹泻的,用葛根汤治疗。

【原文】太阳病,桂枝证,医反下之,利遂不止,脉促者,表未解也。喘而汗出者,葛根黄芩黄连汤主之。

【释义】太阳病的桂枝汤证,误用下法导致腹泻不止,脉象促迫的,属于表邪未解。病人气喘而汗出的,用葛根黄芩黄连汤治疗。

【原文】太阳病,头痛发热,身疼,腰痛,骨节疼痛,恶风,无汗而喘者,麻黄汤主之。

【释义】太阳病,头痛发热,身体疼,腰痛,关节疼痛,怕风,无汗而气喘的,用麻黄汤治疗。

【原文】太阳中风,脉浮紧,发热恶寒,身疼痛,不汗出而烦躁者,大青龙汤主之。若脉微弱,汗出恶风者,不可服之。服之则厥逆,筋惕肉瞤,此为逆也。

【释义】太阳中风症,脉象浮紧,发热,恶寒,周身疼痛,汗不得出而烦躁不安的,用大青龙汤治疗。脉象微弱、汗出恶风的病人,不可服大青龙汤;如果误服了,就会发生手足厥冷、肌肉跳动的症状,这就是因误治而使病情加重了。

【原文】病常自汗出者,此为荣气和。荣气和者,外不谐,以卫气不共荣气谐和故尔。以荣行脉中,卫行脉外,复发其汗,荣卫和则愈,宜桂枝汤。

【释义】病人经常自汗出的,这是荣气和,荣气(营气)无病,而在外卫气不与荣气相和谐所导致的。由于营气行于脉中,卫气行于脉外,可以再用发汗的方法,使营卫趋于协调而愈,宜用桂枝汤治疗。

【原文】病人脏无他病,时发热,自汗出,而不愈者,此卫气不和也。先其时发汗则愈,宜桂枝汤主之。

【释义】病人饮食、二便、睡眠都正常,时而发热、汗出的症状,而且缠绵不愈,这是卫气不和,荣卫失调的表现。在发热、汗出发作之前提前服药则可以治愈,适宜用桂枝汤治疗。

【原文】凡病,若发汗,若吐,若下,若亡血、亡津液,阴阳自和者,必自愈。

【释义】一切疾病,用发汗法,或涌吐法,或泻下法治疗,而致耗血伤津的,若阴阳能够自趋调和的,一定能自愈。

【原文】下之后,复发汗,昼日烦躁不得眠,夜而安静,不呕不渴,无表证,脉沉微,身无大热者,干姜附子汤主之。

【释义】误用泻下之后,又误发汗,致使病人出现白天烦躁不能睡眠,夜晚精神萎靡,不作呕,无口渴,没有表症,脉象沉微,身有微热的,用干姜附子汤主治。

【原文】发汗后,身疼痛,脉沉迟者,桂枝加芍药生姜各一两人参三两新加汤主之。

【释义】发汗之后,病人身体疼痛,脉象沉迟的,用桂枝加芍药生姜各一两人参三两新加汤治疗。

【原文】发汗后,不可更行桂枝汤。汗出而喘,无大热者,可与麻黄杏仁甘草石膏汤。

【释义】发汗以后,不能再用桂枝汤,出现汗出、气喘,而无严重发热症状的,可以用麻黄杏仁甘草石膏汤。

【原文】发汗过多,其叉手自冒心,心下悸,欲得按者,桂枝甘草汤主之。

【释义】发汗太多,使病人心慌不宁,双手交叉覆盖心胸部位、用手按捺方感舒适的,用桂枝甘草汤治疗。

【原文】发汗后,其人脐下悸者,欲作奔豚,茯苓桂枝甘草大枣汤主之。

【释义】发汗以后,病人出现脐下跳动不宁,自觉有气由下向上游走,如豚之奔走的征象,用茯苓桂枝甘草大枣汤治疗。

【原文】发汗后,腹胀满者,厚朴生姜半夏甘草人参汤主之。

【释义】发汗以后,腹中胀满的,用厚朴生姜半夏甘草人参汤治疗。

【原文】伤寒若吐若下后,心下逆满,气上冲胸,起则头眩,脉沉紧,发汗则动经,身为振振摇者,茯苓桂枝白术甘草汤主之。

【释义】伤寒病人经过涌吐或经过攻下的治疗以后,感觉胃脘部气逆满闷,并且气上冲胸膈,起立时就头晕目眩,脉象沉紧,此时再用发汗法就可能伤动经脉之气,不能荣养经脉,身体出现震颤、动摇不定的症状,可以用茯苓桂枝白术甘草汤治疗。

【原文】太阳病,发汗后,大汗出,胃中干,烦躁不得眠,欲得饮水者,少少与饮之,令胃气和则愈。若脉浮,小便不利,微热消渴者,五苓散主之。

【释义】太阳表症,使用发汗法后汗出很多,胃中津液不足,使病人出现烦躁不安、无法安眠,口干想要喝水的,可以给予少量的水,使胃津恢复,胃气调和,就可痊愈。若出现脉象浮、小便不通畅、轻微发热、口干饮水而不止的,用五苓散治疗。

【原文】发汗吐下后,虚烦不得眠,若剧者,必反覆颠倒,心中懊憹,栀子豉汤主之。若少气者,栀子甘草豉汤主之。若呕者,栀子生姜豉汤主之。

【释义】发汗吐下之后,病人心胸热闷而不得安眠,甚至辗转反侧,心中烦躁不宁,可以用栀子豉汤治疗。如果兼见少气症状,用栀子甘草豉汤治疗。如果兼见呕吐,则用栀子生姜豉汤治疗。

【原文】太阳病发汗,汗出不解,其人仍发热,心下悸,头眩,身𥆧动,振振欲擗地者,真武汤主之。

【释义】太阳病经用发汗法治疗,汗出而病未除,病人仍然发热,心慌,头晕目眩,身体肌肉跳动,震颤摇晃,站立不稳想要跌倒,用真武汤治疗。

【原文】伤寒五六日,中风,往来寒热,胸胁苦满,嘿嘿(默默)不欲饮食,心烦喜呕,或胸中烦而不呕,或渴,或腹中痛,或胁下痞硬,或心下悸、小便不利,或不渴、身有微热,或咳者,与小柴胡汤主之。

【释义】伤寒五六日,或是中风,病人出现寒热交替发作,胸胁部有满闷的感觉,静默不语而不想饮食,心烦想要呕吐,或胸中烦扰却不呕吐,或口渴,或腹部疼痛,或胁下痞塞满硬,或心慌,小便不利,或口不渴而体表有微热,或兼有咳嗽,都可用小柴胡汤治疗。

【原文】伤寒,阳脉涩,阴脉弦,法当腹中急痛,先与小建中汤,不差者,小柴胡汤主之。

【释义】伤寒病,脉搏浮取涩沉取弦,理应有腹中拘急疼痛的症状,治疗可先用小建中汤;腹痛不除的,用小柴胡汤治疗。

【原文】太阳病,过经十余日,反二三下之,后四五日,柴胡证仍在者,先与小柴胡汤。呕不止,心下急,郁郁微烦者,为未解也,与大柴胡汤下之,则愈。

【释义】太阳病,超过了病愈的日期十多天,医生反而多次攻下,又经过四五天,若柴胡证尚存的,可先给予小柴胡汤治疗。如果病人呕吐不止,胃脘部拘急疼痛,心中郁闷烦躁的,是疾病尚未解除,用大柴胡汤攻下里实就能痊愈。

【原文】伤寒八九日,下之,胸满烦惊,小便不利,谵语,一身尽重不可转侧者,柴胡加龙骨牡蛎汤主之。

【释义】伤寒病经过八九天,用攻下法治疗,导致病人胸部满闷、烦躁惊惕不安,小便不通畅,胡言乱语,全身沉重不能转侧的,用柴胡加龙骨牡蛎汤治疗。

辨太阳病脉证并治（下）

【原文】伤寒六七日,结胸热实,脉沉而紧,心下痛,按之石硬者,大陷胸汤主之。

【释义】伤寒病六七天后,形成热实结胸症,脉象沉而紧,胃脘以下疼痛,触按像石头一样坚硬的,用大陷胸汤治疗。

【原文】小结胸病,正在心下,按之则痛,脉浮滑者,小陷胸汤主之。

【释义】小结胸病的病位,正处于心下胃脘部,以手按则疼痛,脉象浮滑,可以用小陷胸汤治疗。

【原文】伤寒六七日,发热微恶寒,支节烦疼,微呕,心下支结,外证未去者,柴胡加桂枝汤主之。

【释义】伤寒病六七天,病人发热而微微怕冷,四肢关节疼痛,微微作呕,心下感觉支撑闷结,太阳表证还未解除,用柴胡桂枝汤治疗。

【原文】伤寒五六日,已发汗而复下之,胸胁满微结,小便不利,渴而不呕,但头汗出,往来寒热,心烦者,此为未解也,柴胡桂枝干姜汤主之。

【释义】伤寒病五六天后，已经发汗又用泻下，病人出现胸胁满闷微有郁结，小便不通畅，口渴不呕，头部出汗，发热畏寒交替发作，心中烦躁不安的，这是因为病症未除，用柴胡桂枝干姜汤治疗。

【原文】伤寒五六日，呕而发热者，柴胡汤证具，而以他药下之，柴胡证仍在者，复与柴胡汤。此虽已下之，不为逆，必蒸蒸而振，却发热汗出而解。若心下满而硬痛者，此为结胸也，大陷胸汤主之；但满而不痛者，此为痞，柴胡不中与之，宜半夏泻心汤。

【释义】伤寒五六日，呕逆而且发热，柴胡汤症的主症已经具备，而用了其他攻下方药，但只要柴胡汤证仍在，就仍可用柴胡汤治疗。虽然已经使用了泻下的治法，但这并没有错误（没有违背治疗的正确原则），服小柴胡汤之后，定会出现身体由内而外渐渐有热感蒸腾并且微微颤抖的情况，然后发热汗出而病除。假如下后发生心下满而硬痛的，这是结胸症，可用大陷胸汤治疗。如果只是闷满而不疼痛的，这是痞证，柴胡汤是不适用的，宜用半夏泻心汤治疗。

【原文】心下痞，而复恶寒汗出者，附子泻心汤主之。

【释义】胃脘部痞满，而又畏寒汗出的，用附子泻心汤治疗。

【原文】伤寒汗出解之后，胃中不和，心下痞硬，干噫食臭，胁下有水气，腹中雷鸣下利者，生姜泻心汤主之。

【释义】伤寒病，汗出表解之后，因胃中不和，而致胃脘部痞硬，嗳气有食臭味，胁下有水气，肠中鸣响如雷而腹泻的，用生姜泻心汤治疗。

【原文】伤寒中风，医反下之，其人下利，日数十行，谷不化，腹中雷鸣，心下痞硬而满，干呕，心烦不得安。医见心下痞，谓病不尽，复下之，其痞益甚，此非结热，但以胃中虚，客气上逆，故使硬也，甘草泻心汤主之。

【释义】伤寒或中风症，医生反而误用攻下法治疗，导致病人一日腹泻数十次，食物不消化，肠鸣如雷，胃脘部痞满硬结，干呕，心中烦躁不安。医生见胃部痞硬,认为是邪热内结,病邪未尽,又行泻下的治法,导致痞胀更甚。这种情况并非邪热内结,而是中气虚弱,外来的邪气趁机向上逆行侵犯而使胃脘部硬满,应该用甘草泻心汤治疗。

【原文】太阳病,外证未除,而数下之,遂协热而利,利下不止,心下痞硬,表里不解者,桂枝人参汤主之。

【释义】太阳病,表症还未解除却屡用攻下,就会发生挟表热而下利的症状;如果下利继续不断,胃脘部痞塞硬满,这是表症与里症都未解除,要用桂枝人参汤治疗。

【原文】伤寒若吐若下后,七八日不解,热结在里,表里俱热,时时恶风,大渴,舌上干燥而烦,欲饮水数升者,白虎加人参汤主之。

【释义】伤寒病,用吐法或下法后经过七八日病未解除,蕴热于里,病人表里都热,时时感觉怕风,非常口渴,舌干燥而心烦不安,想大量喝水,用白虎加人参汤治疗。

【原文】太阳与少阳合病,自下利者,与黄芩汤;若呕者,黄芩加半夏生姜汤主之。

【释义】太阳经的病症与少阳经的病症同时同时出现,(未用泻下法)并且病人自行腹泻的,用黄芩汤治疗;如兼有呕吐的,用黄芩加半夏生姜汤治疗。

【原文】伤寒,胸中有热,胃中有邪气,腹中痛,欲呕吐者,黄连汤主之。

【释义】伤寒病,胸部有热,胃里有邪气,腹痛想呕吐的,用黄连汤治疗。

【原文】伤寒,脉结代,心动悸,炙甘草汤主之。

【释义】伤寒病,脉象结代(节律不整齐),心悸不宁的,用炙甘草汤治疗。

辨阳明病脉证并治

【原文】阳明之为病，胃家实是也。

【释义】阳明病所表现出的主要病症特征，就是胃肠中有实邪积滞。

【原文】问曰：阳明病，外证云何？答曰：身热，汗自出，不恶寒，反恶热也。

【释义】问：阳明病的外在症候有什么特点？答：病人身体发热，汗自出，不厌恶寒冷，反而怕热。

【原文】阳明病，脉迟，虽汗出，不恶寒者，其身必重，短气腹满而喘，有潮热者，此外欲解，可攻里也。手足濈然而汗出者，此大便已硬也，大承气汤主之；若汗多，微发热恶寒者，外未解也，其热不潮，未可与承气汤；若腹大满不通者，可与小承气汤，微和胃气，勿令大泄下。

【释义】阳明病，病人脉象迟，汗出而不怕冷，身体沉重，短气，腹部胀满而喘息，发潮热的，这是表症即将解除，可以攻下里实。如果手足不断出汗的，这说明大便已经硬结，要用大承气汤主治。若出汗较多，轻微发热而怕冷的，这是表症未解，病人不发潮热，不能用承气汤治疗。若腹部胀满厉害、大便不通的，可用小承气汤轻微泻下来和畅胃气，而不能用峻泻药攻下。

【原文】三阳合病，腹满身重，难以转侧，口不仁，面垢，谵语遗尿。发汗则谵语，下之则额上生汗，手足逆冷。若自汗出者，白虎汤主之。

【释义】太阳、阳明、少阳三经同时发病，病人腹部胀满，身体沉重、转侧困难，言语不利而面部污浊油垢，说胡话小便失禁。用发汗法治疗，就会谵语更甚；用下法治疗，就额上出汗，四肢冰冷。这种病人如果自汗的话，可以用白虎汤治疗。

【原文】若脉浮发热，渴欲饮水，小便不利者，猪苓汤主之。

【释义】如果脉浮发热、口渴想喝水、小便不通畅的,用猪苓汤治疗。

【原文】阳明病,胁下硬满,不大便而呕,舌上白胎者,可与小柴胡汤。上焦得通,津液得下,胃气因和,身濈然而汗出解。

【释义】阳明病,胁下痞硬胀满,大便不通并且呕吐,舌苔发白的,用小柴胡汤治疗。上焦经气得以畅通,津液能够下行,胃的功能得以恢复,全身就能发汗而病除。

【原文】阳明病,发热汗出者,此为热越,不能发黄也;但头汗出,身无汗,剂颈而还,小便不利,渴引水浆者,此为瘀热在里,身必发黄,茵陈蒿汤主之。

【释义】阳明病,发热汗出的,这是里热发越于外,不会形成发黄症;若仅见头部到颈部发汗,身体无汗,小便不通畅,口渴想喝汤水的,这是邪热郁滞在里,必然出现肌肤发黄的症状,可用茵陈蒿汤治疗。

【原文】食谷欲呕者,属阳明也,吴茱萸汤主之。得汤反剧者,属上焦也。

【释义】进食后想呕吐的,属阳明症,可用吴茱萸汤治疗;若服吴茱萸汤后反而呕吐加剧的,则是上焦有热。

【原文】太阳病三日,发汗不解,蒸蒸发热者,属胃也,调胃承气汤主之。

【释义】太阳病,三天过后,用发汗法治疗而病不除的,高热炽盛的,是转属阳明(胃),主治则用调胃承气汤。

【原文】伤寒六七日,目中不了了,睛不和,无表里证,大便难,身微热者,此为实也,急下之,宜大承气汤。

【释义】伤寒病六七天,视物不清楚,眼珠转动不灵活,没有典型的表症和里实症,大便不易解出,体表有轻微发热的,这是燥热内结成实,应急下存阴,宜用大承气汤治疗。

【原文】腹满不减,减不足言,当下之,宜大承气汤。

【释义】腹部胀满持续不减,即使有时略有减轻也微不足道,应当用下法治疗,可用大承气汤。

【原文】伤寒七八日,身黄如橘子色,小便不利,腹微满者,茵陈蒿汤主之。

【释义】伤寒病六七天,皮肤发黄如橘子色,小便不畅,腹部稍感胀满的,宜用茵陈蒿汤治疗。

【原文】伤寒瘀热在里,身必发黄,麻黄连轺赤小豆汤主之。

【释义】伤寒病,湿热郁滞在里,身体必定发黄,主治宜用麻黄连轺赤小豆汤。

辨少阳病脉证并治

【原文】少阳之为病,口苦,咽干,目眩也。

【释义】少阳病的症候,以口苦,咽喉干燥,头晕目眩为主。

【原文】本太阳病不解,转入少阳者,胁下硬满,干呕不能食,往来寒热。尚未吐下,脉沉紧者,与小柴胡汤。

【释义】本来这个病是太阳病,治疗不及时,邪气不去,传变转入少阳而出现少阳证,表现为胁下硬满,干呕不能进食,发热恶寒交替出现。这时候如果没有误用吐法下法,脉象沉紧的,可以用小柴胡汤治疗。

辨太阴病脉证并治

【原文】太阴之为病,腹满而吐,食不下,自利益甚,时腹自痛。若下之,必胸下结硬。

【释义】太阴病的症候,以腹部胀满,呕吐,吃不进食物,自发腹泻特别厉害,时时疼痛为主。若用攻下法治疗,则会导致胃脘部痞结胀硬。

【原文】自利不渴者,属太阴,以其脏有寒故也。当温之,宜服四逆辈。

【释义】自发腹泻而口不渴的,属于太阴病,是脾脏有寒气的缘故。应当用温药进行治疗,宜服用四逆汤一类的方药。

辨少阴病脉证并治

【原文】少阴之为病,脉微细,但欲寐也。

【释义】少阴病的症候,以脉象微细,精神萎靡、想睡觉为主要表现。

【原文】少阴病,始得之,反发热,脉沉者,麻黄细辛附子汤主之。

【释义】少阴病,刚开始得病,见发热等,又见脉沉的,用麻黄细辛附子汤治疗。

【原文】少阴病,得之二三日以上,心中烦,不得卧,黄连阿胶汤主之。

【释义】少阴病,患病两三天以上,心中烦躁不安,不能够安眠的,用黄连阿胶汤治疗。

【原文】少阴病,得之一二日,口中和,其背恶寒者,当灸之,附子汤主之。

【释义】少阴病,患病两三天,口中不苦不燥不渴,病人背部恶寒的,当用艾灸治疗,宜用附子汤治疗。

【原文】少阴病,身体痛,手足寒,骨节痛,脉沉者,附子汤主之。

【释义】少阴病,身体疼痛,手足冷,骨关节疼痛,脉象沉的,宜用附子汤治疗。

【原文】少阴病,下利便脓血者,桃花汤主之。

【释义】少阴病,下利滑脱而大便有脓血的,用桃花汤治疗。

【原文】少阴病,四逆,其人或咳,或悸,或小便不利,或腹中痛,或泄利下重者,四逆散主之。

【释义】少阴病,四肢冷逆,病人或有咳嗽,或有心悸,或小便不通畅,或腹中疼痛,或腹泻、痢疾且伴有肛门坠胀,里急后重的情况,宜用四逆散治疗。

【原文】少阴病,下利六七日,咳而呕渴,心烦不得眠者,猪苓汤主之。

【释义】少阴病,腹泻六七天,咳嗽,呕吐,口渴,心中烦躁,不能安眠的,宜用猪苓汤治疗。

辨厥阴病脉证并治

【原文】厥阴之为病,消渴,气上撞心,心中疼热,饥而不欲食,食则吐蛔,下之利不止。

【释义】厥阴病的证候,以病人饮水多而渴仍不解,自觉有气向心胸部冲逆,胃脘部灼热疼痛,腹中虽饥饿而不想进食,倘若进食就会出现呕吐,如果肚子里有蛔虫,就会吐出蛔虫。若误用下法治疗,就会导致腹泻不止。

【原文】凡厥者,阴阳气不相顺接,便为厥。厥者,手足逆冷者是也。

【释义】所有厥症,都是由于阴气和阳气不能相互地顺利交接导致的。(阴阳之气的顺接是通过手足十二经)厥的主要表现为手足逆冷。

【原文】伤寒,脉滑而厥者,里有热,白虎汤主之。

【释义】伤寒病,脉象滑利而手足厥冷的,是为里热所致,应当用白虎汤治疗。

【原文】手足厥寒,脉细欲绝者,当归四逆汤主之。

【释义】手足厥冷,脉象很细,好像要断绝一样的,用当归四逆汤治疗。

【原文】热利下重者,白头翁汤主之。

【释义】出现发热且腹泻伴有里急后重(腹痛,肛门下坠感)症状的,用白头翁汤治疗。

【原文】干呕,吐涎沫,头痛者,吴茱萸汤主之。

【释义】干呕,吐出清稀涎沫,头痛的,用吴茱萸汤治疗。

【原文】呕而发热者,小柴胡汤主之。

【释义】呕吐而发热的,用小柴胡汤治疗。

辨霍乱病脉证并治

【原文】霍乱,头痛发热,身疼痛,热多欲饮水者,五苓散主之;寒多不用水者,理中丸主之。

【释义】霍乱病,头痛发热,身体疼痛,若发热较甚而想喝水的,主治宜用五苓散;若中焦寒湿偏盛而不想喝水的,主治宜用理中丸。

辨阴阳易差后劳复病脉证并治

【原文】伤寒解后,虚羸少气,气逆欲吐者,竹叶石膏汤主之。

【释义】伤寒病愈以后,身体虚弱消瘦,气息不足,胃气上逆而想要呕吐的,用竹叶石膏汤治疗。

痉湿暍病脉证治第二

【原文】太阳病,其证备,身体强,几几然,脉反沉迟,此为痉,栝楼桂枝汤主之。

【释义】太阳病,表证俱备(发热,汗出,脉浮),身体强直,项背拘紧,脉象反而沉迟的,这是痉病,用瓜蒌桂枝汤治疗。

【原文】太阳病,无汗而小便反少,气上冲胸,口噤不得语,欲作刚痉,葛根汤主之。

【释义】太阳病,没有汗但小便量少,气机不通,气反而向上冲胸,牙关紧闭,不能说话,将要发生项背强直,要用葛根汤来治疗。

【原文】痉为病,胸满口噤,卧不着席,脚挛急,必齘齿,可与大承气汤。

【释义】痉病,胸腹胀满,牙关紧闭,不能完全平躺在席子上,小腿抽搐,拘挛,磨牙,可以用大承气汤来治疗。

【原文】湿家身烦疼,可与麻黄加术汤发其汗为宜,慎不可以火攻之。

【释义】病人受了湿邪,身上疼痛困乏,可以用麻黄汤加白术来发汗比较合适,千万不能用火攻的方法。

【原文】病者一身尽疼,发热,日晡所剧者,名风湿。此病伤于汗出当风,或久伤取冷所致也。可与麻黄杏仁薏苡甘草汤。

【释义】病人一身都疼,发热,在下午3－5点左右发热的温度相对高一些,这个病是风湿病。这种病是由于出汗时感受风邪,或长时间贪凉感受寒湿导致的。可以用麻黄杏仁薏苡甘草汤治疗。

【原文】风湿,脉浮,身重,汗出,恶风者,防己黄芪汤主之。

【释义】风湿患者,表现为脉浮,身体沉重,出汗,怕风的,用防己黄芪汤治疗。

百合狐惑阴阳毒病脉证治第三

【原文】论曰:百合病者,百脉一宗,悉致其病也。意欲食,复不能食,常默默,欲卧不能卧,欲行不能行,饮食或有美时,或有不用闻食臭时,如寒无寒,如热无热,口苦,小便赤,诸药不能治,得药则剧吐利,如有神灵者,身形如和,其脉微数。

【释义】有理论说,百合病是百脉都生病了,归结为心主血脉和肺朝百脉的功能失调引起的。心里想吃饭,但又吃不下;老是不想说话,很沉默;想睡睡不着,想走路又走不动;有时这一顿吃得很好,到下一顿闻到食物的气味,就又觉得很难受,不要吃了。怕冷又不是真正怕冷,好像有发热又不是真正的发热;嘴巴里很苦,小便也很黄。各种药吃了都没什么作用,有时吃了药还要发生剧烈的呕吐或泄泻,好像有神灵附在身上,从形体看和正常人一样,只是脉象微数。

【原文】狐惑之为病,状如伤寒,默默欲眠,目不得闭,卧起不安,蚀于喉为惑,蚀于阴为狐。不欲饮食,恶闻食臭,其面目乍赤、乍黑、乍白。蚀于上部则声喝(yè,一作嗄),甘草泻心汤主之。

【释义】狐惑这种病,可以出现与伤寒类似的发热症状,神情比较沉默,不想说话,总是想睡,但又不是真正睡着;眼睛闭不起来,躺下去又要坐起来,很不安宁。在咽喉部会出现蚀烂现象的叫"惑",在前后阴部位出现溃疡腐烂的病叫"狐"。病人不想吃饭,闻到饮食的味道就觉得讨厌,面部的颜色忽红、忽黑、忽白。如果上部咽喉腐蚀,病人的声音就会嘶哑,发不出声音来,用甘草泻心汤治疗。

中风历节病脉证并治第五

【原文】邪在于络,肌肤不仁;邪在于经,即重不胜;邪入于腑,即不识人;邪入于脏,舌即难言,口吐涎。

【释义】病邪侵入络脉,营气不能运行于肌表,所以肌肤麻木不仁;病邪侵入经脉,血气不能运行于肢体,所以肢体沉重;病邪侵入六腑,就不认识朋友和家人了;病邪侵入五脏,昏迷不能说话,口中吐痰涎。

【原文】诸肢节疼痛,身体魁羸,脚肿如脱,头眩短气,温温欲吐,桂枝芍药知母汤主之。

【释义】全身四肢关节疼痛,身体瘦弱,小腿肿得厉害,眩晕短气,胃里难受想要呕吐,用桂枝芍药知母汤来治疗。

【原文】病历节不可屈伸,疼痛,乌头汤主之。

【释义】得了历节病,疼痛非常严重,关节不能屈伸,可以用乌头汤来治疗。

血痹虚劳病脉证并治第六

【原文】血痹阴阳俱微,寸口关上微,尺中小紧,外证身体不仁,如风痹状,黄芪桂枝五物汤。

【释义】患血痹病的病人,营卫气血都已虚弱不足,从脉象上看,寸、关两部脉微弱,尺脉小而紧,身体局部的肌肉麻木不仁,与风痹的症状相似,用黄芪桂枝五物汤来治疗。

【原文】虚劳里急,诸不足,黄芪建中汤主之。

【释义】虚劳病腹中拘急疼痛,有气血虚弱的症状,用黄芪建中汤治疗。

【原文】虚劳腰痛,少腹拘急,小便不利者,八味肾气丸主之。

【释义】虚劳病腰部疼痛,小腹拘紧不舒,小便不畅利的,用八味肾气丸治疗。

【原文】虚劳虚烦不得眠,酸枣仁汤主之。

【释义】虚劳,因虚而致烦,夜不安寐,用酸枣仁汤治疗。

肺痿肺痈咳嗽上气病脉证治第七

【原文】咳而上气,喉中水鸡声,射干麻黄汤主之。

【释义】咳嗽气往上逆,喉咙中好像有水鸡鼓水似的痰鸣声音,用射干麻黄汤治疗。

【原文】咳逆上气,时时吐浊,但坐不得眠,皂荚丸主之。

【释义】咳嗽,气往上逆,时时吐出浊痰,晚上坐在床上不能平卧睡眠,用皂荚丸治疗。

【原文】大逆上气,咽喉不利,止逆下气者,麦门冬汤主之。

【释义】气往上逆,严重的时候咽喉作痛,干燥,有粘痰,要使得肺气降下去,要用麦门冬汤治疗。

【原文】咳而上气,此为肺胀,其人喘,目如脱状,脉浮大者,越婢加半夏汤主之。

【释义】咳嗽气逆,这是肺胀病的主症,病人喘到眼睛胀突,好像要脱出来一样,脉象浮大,用越婢加半夏汤治疗。

【原文】肺胀,咳而上气,烦躁而喘,脉浮者,心下有水,小青龙加石膏汤主之。

【释义】肺胀病,患者咳嗽而气逆,心中烦躁,且气喘,脉浮的人,心下有水气,用小青龙加石膏汤治疗。

胸痹心痛短气病脉证并治第九

【原文】胸痹之病,喘息咳唾,胸背痛,短气,寸口脉沉而迟,关上小紧数,瓜蒌薤白白酒汤主之。

【释义】胸痹病,气喘咳嗽、咳唾痰涎,胸背疼痛,呼吸气短,寸口部脉沉而慢,关部的脉比较小紧而数,用瓜蒌薤白白酒汤治疗。

【原文】胸痹不得卧,心痛彻背者,瓜蒌薤白半夏汤主之。

【释义】胸痹病,躺不下去,心胸部疼痛牵引到背部也很疼痛,用瓜蒌薤白半夏汤治疗。

【原文】胸痹心中痞,留气结在胸,胸满,胁下逆抢心,枳实薤白桂枝汤主之;人参汤亦主之。

【释义】胸痹病,胸中有痞闷闭塞的感觉,觉得有气结留在胸中,胸闷,胁下有气上冲到心胸,用枳实薤白桂枝汤或人参汤治疗。

【原文】胸痹,胸中气塞,短气,茯苓杏仁甘草汤主之;橘枳姜汤亦主之。

【释义】胸痹病,感到胸中有气堵塞、气短,用茯苓杏仁甘草汤或橘枳姜汤治疗。

【原文】心中痞,诸逆心悬痛,桂枝生姜枳实汤主之。

【释义】心中觉得痞塞,感觉闭塞不通,各种病邪向上冲,心脏牵急作痛,用桂枝生姜枳实汤治疗。

【原文】心痛彻背,背痛彻心,乌头赤石脂丸主之。

【释义】心痛牵引到背,背痛又牵引到心,用乌头赤石脂丸治疗。

腹满寒疝宿食病脉证治第十

【原文】病腹满,发热十日,脉浮而数,饮食如故,厚朴七物汤主之。

【释义】病人腹部胀满,发热十来天,脉象浮数,饮食习惯如常的,用厚朴七物汤治疗。

【原文】腹中寒气,雷鸣切痛,胸胁逆满,呕吐,附子粳米汤主之。

【释义】腹中阴寒之气较重,肠鸣音很响且腹痛剧烈,寒气向上冲逆而胸胁部感到胀满,呕吐,用附子粳米汤治疗。

【原文】痛而闭者,厚朴三物汤主之。

【释义】腹痛且大便闭结不通,用厚朴三物汤来治疗。

【原文】腹满不减,减不足言,当须下之,宜大承气汤。

【释义】腹部胀满持续不减轻,即使减轻一点儿,也微不足道,应该用攻下的方法,宜用大承气汤。

【原文】心胸中大寒痛,呕不能饮食,腹中寒,上冲皮起,出见有头足,上下痛而不可触近,大建中汤主之。

【释义】胸部剧烈疼痛,呕吐、吃不下饭;寒邪在腹中,有时腹壁会鼓起来,摸上去有个包块,犹如有头足的虫在蠕动,拒按,按上去就痛得不得了的,用大建中汤治疗。

【原文】胁下偏痛,发热,其脉紧弦,此寒也,以温药下之,宜大黄附子汤。

【释义】胁下偏于一侧腹部疼痛,发热,脉紧而弦,是里寒又有积滞造成的胁下偏痛,要用温药泻下寒邪,宜用大黄附子汤。

【原文】腹痛,脉弦而紧,弦则卫气不行,即恶寒,紧则不欲食,邪正相搏,即为寒疝。寒疝绕脐痛,若发则白汗出,手足厥冷,其脉沉紧者,大乌头煎主之。

【释义】腹痛患者,脉象弦而紧,弦主卫阳之气虚弱,不能运行全身,故怕冷,脉紧,不思饮食,内外寒邪与人之阳气相斗争,就形成寒疝。寒疝发作时,脐周疼痛,如果发作剧烈时出现全身出冷汗(白汗),甚而手足厥冷,脉象表现为沉紧的,用大乌头煎主治。

五脏风寒积聚病脉证并治第十一

【原文】肝着,其人常欲蹈其胸上,先未苦时,但欲饮热,旋覆花汤主之。

【释义】肝着这种病,血瘀气滞,血脉不通,患者喜欢用手来捶打胸胁部位,这样肝气条达。当病情还没有发展到感觉很痛苦的时候,只是想要喝热的东西。这种情况宜用旋覆花汤治疗。

【原文】肾着之病,其人身体重,腰中冷,如坐水中,形如水状,反不渴,小便自利,饮食如故。病属下焦,身劳汗出,衣里冷湿,久久得之。腰以下冷痛,腹重如带五千钱,甘姜苓术汤主之。

【释义】肾着病,患者身体沉重,腰部冷,像坐在水里,形状像水肿状,但口反而不渴,小便正常,饮食和平时一样。本病病位在下焦,多因为劳累后汗出,衣服湿冷,久而久之形成此病。患者常感腰以下寒冷疼痛,腹部好像带着五千个铜钱那样沉重,此种情况用甘姜苓术汤治疗。

痰饮咳嗽病脉证并治第十二

【原文】问曰:四饮何以为异?师曰:其人素盛今瘦,水走肠间,沥沥有声,谓之痰饮;饮后水流在胁下,咳唾引痛,谓之悬饮;饮水流行,归于四肢,当汗出而不汗出,身体疼重,谓之溢饮;咳逆倚息,短气不得卧,其形如肿,谓之支饮。

【释义】学生问:四饮怎么区别呢?老师说:所谓痰饮,就是过去体质很好,比较强壮,而现在却消瘦了,而且肠里有咕噜咕噜的水声,这种情况称为痰饮;饮水后水流到胁下,咳嗽牵引胁下作痛,这种情况称为悬饮;水饮流于体表四肢,当汗出而不汗出,水饮就停留在四肢,出现身体疼重,这种情况称为溢饮;饮冲逆于肺,肺气上逆,咳嗽气喘,倚物而坐,呼吸困难,气短不能平卧,身体水肿,这种情况称为支饮。

【原文】病痰饮者,当以温药和之。

【释义】对痰饮病人,要用温化水饮、振奋阳气的方法来治疗。

【原文】心下有痰饮,胸胁支满,目眩,苓桂术甘汤主之。

【释义】胃脘部有痰饮,水气上冲,胸胁支撑胀满,头晕目眩,可用苓桂术甘汤治疗。

【原文】夫短气有微饮,当从小便去之,苓桂术甘汤主之;肾气丸亦主之。

【释义】短气、水饮轻微的患者,治疗应当利其小便,可用苓桂术甘汤或者肾气丸治疗。

【原文】病者脉伏,其人欲自利,利反快,虽利,心下续坚满,此为留饮欲去故也,甘遂半夏汤主之。

【释义】患者有大量水饮停留于体内,脉深伏于里,未经用药而想要腹泻,腹泻后觉得舒适畅快,虽然大便通利,但排便后心下没过多长时间又出现坚硬胀满,这是留饮将要被排除但未得到根除,可用甘遂半夏汤治疗。

【原文】心下有支饮,其人苦冒眩,泽泻汤主之。

【释义】心下有支饮的患者,常出现头目晕眩,非常痛苦,用泽泻汤治疗。

【原文】呕家本渴,渴者为欲解,今反不渴,心下有支饮故也,小半夏汤主之。

【释义】经常呕吐的患者,呕吐后本应口渴,因呕吐伤津液,胃有饮邪而呕吐的患者出现口渴,是饮邪随吐而出,病情好转的表现;现在患者反而不感口渴,是心下有支饮的缘故,可用小半夏汤治疗。

【原文】腹满,口舌干燥,此肠间有水气,己椒苈黄丸主之。

【释义】腹部胀满,口舌干燥,是由于肠间有水饮,可用己椒苈黄丸治疗。

【原文】卒呕吐,心下痞,膈间有水,眩悸者,小半夏加茯苓汤主之。

【释义】突然呕吐,胃脘部痞满,这是膈间有水饮停留的缘故,同时头昏目眩,心悸不安的,可用小半夏加茯苓汤治疗。

【原文】假令瘦人脐下有悸,吐涎沫而癫眩,此水也,五苓散主之。

【释义】如果素盛今瘦的人感到肚脐下有跳动,吐稀痰黏沫,而且感到头晕目眩不能站立的,这是水饮病,用五苓散治疗。

消渴小便不利淋病脉证并治第十三

【原文】小便不利者,有水气,其人苦渴,瓜蒌瞿麦丸主之。

【释义】患者小便不通畅,缘于体内停有水饮,口渴得很厉害,可以用瓜蒌瞿麦丸来治疗。

【原文】渴欲饮水,口干舌燥者,白虎加人参汤主之。

【释义】病人口渴要喝水,但是喝了水还是口干舌燥,应该用白虎加人参汤治疗。

【原文】脉浮发热,渴欲饮水,小便不利者,猪苓汤主之。

【释义】患者脉浮,发热,口渴想喝水,小便不通畅,可用猪苓汤治疗。

水气病脉证并治第十四

【原文】师曰：病有风水、有皮水、有正水、有石水、有黄汗。风水，其脉自浮，外证骨节疼痛，恶风；皮水，其脉亦浮，外证胕肿，按之没指，不恶风，其腹如鼓，不渴，当发其汗；正水，其脉沉迟，外证自喘；石水，其脉自沉，外证腹满，不喘；黄汗，其脉沉迟，身发热，胸满，四肢头面肿，久不愈，必致痈脓。

【释义】老师说，水气病一共有五种，有风水、有皮水、有正水、有石水、有黄汗。风水病的主症是脉浮，周身骨节疼痛，恶风；所谓皮水，其脉也呈浮象，可以见到肢体呈凹陷性水肿，不怕风，腹满肿胀，口不渴，可以用发汗的方法来治疗；正水的主症是气喘、脉沉迟；石水则腹部胀满，但不喘，脉沉；黄汗病可见脉沉迟，全身发热，胸中满闷，四肢头面皆肿，如果不及时治疗，病情经久不愈，势必生痈作脓。

【原文】里水者，一身面目黄肿，其脉沉，小便不利，故令病水。假如小便自利，此亡津液，故令渴也。越婢加术汤主之。

【释义】患里水病的患者，周身头面均发黄且全身水肿，脉沉，小便不通畅，这是水饮停留于体内所致，可以用越婢加术汤来治疗。假如小便通畅，不可用越婢加术汤，否则会津液耗竭，导致口渴。

【原文】风水，脉浮身重，汗出恶风者，防己黄芪汤主之。腹痛者加芍药。

【释义】风水病，脉浮，身体沉重，汗出恶风的，可用防己黄芪汤治疗，如果腹痛，可加芍药。

【原文】风水恶风，一身悉肿，脉浮不渴，续自汗出，无大热，越婢汤主之。

【释义】风水病，恶风，周身水肿，脉浮，口不渴，时常自汗，表有微热，可用越婢汤治疗。

【原文】皮水为病,四肢肿,水气在皮肤中,四肢聂聂动者,防己茯苓汤主之。

【释义】皮水病的症状,四肢水肿,水气溢于皮肤之中,四肢肌肉不自觉地微微跳动的,应用防己茯苓汤治疗。

【原文】气分,心下坚,大如盘,边如旋杯,水饮所作,桂枝去芍药加麻辛附子汤主之。

【释义】气分病,胃脘部坚硬而大如盘,边沿如同覆着的杯子,是水饮所致,可用桂枝去芍药加麻辛附子汤治疗。

【原文】心下坚,大如盘,边如旋盘,水饮所作,枳术汤主之。

【释义】胃脘部硬满,又硬又大的一块,边上也是圆圆的,好像一个旋盘,这也是水饮所作,可用枳术汤治疗。

黄疸病脉证并治第十五

【原文】谷疸之为病,寒热不食,食即头眩,心胸不安,久久发黄为谷疸,茵陈蒿汤主之。

【释义】谷疸这种病,患者会出现恶寒、发热、不想吃饭,若进食即感头晕目眩,恶心,心胸部不适,时间久了,即身体发黄而患谷疸,可以用茵陈蒿汤来治疗。

【原文】酒黄疸,心中懊憹,或热痛,栀子大黄汤主之。

【释义】酒疸病,胃中觉得又热又痛,有一种说不出的难受感,要用栀子大黄汤来治疗。

【原文】黄疸腹满,小便不利而赤,自汗出,此为表和里实,当下之,宜大黄硝石汤。

【释义】黄疸病,腹部胀满,小便不通畅,颜色深黄,自汗,这是表无病而内里有实热,要用攻下法,可用大黄硝石汤治疗。

惊悸吐衄下血胸满瘀血病脉证治第十六

【原文】下血,先便后血,此远血也,黄土汤主之。

【释义】大便出血,大便在先、出血在后,这叫远血,用黄土汤治疗。

【原文】下血,先血后便,此近血也,赤小豆当归散主之。

【释义】大便出血,出血在先、大便在后,这叫近血,用赤小豆当归散治疗。

呕吐哕下利病脉证治第十七

【原文】呕而肠鸣,心下痞者,半夏泻心汤主之。

【释义】呕吐,有肠鸣音(肠道内有断续的咕噜声),胃脘部有痞满堵塞的感觉,用半夏泻心汤治疗。

【原文】干呕而利者,黄芩加半夏生姜汤主之。

【释义】干呕,而且腹泻的,用黄芩加半夏生姜汤治疗。

【原文】诸呕吐,谷不得下者,小半夏汤主之。

【释义】凡各种呕吐,胃气上逆而吃不下食物的,可以用小半夏汤治疗。

【原文】胃反呕吐者,大半夏汤主之。

【释义】患胃反病而呕吐的,用大半夏汤治疗。

【原文】食已即吐者,大黄甘草汤主之。

【释义】吃下饭后马上就吐出来的,用大黄甘草汤治疗。

【原文】胃反,吐而渴欲饮水者,茯苓泽泻汤主之。

【释义】胃反病,呕吐后口渴想要喝水的,用茯苓泽泻汤治疗。

【原文】干呕,吐逆,吐涎沫,半夏干姜散主之。

【释义】干呕,或呕吐气逆,或吐涎沫,用半夏干姜散治疗。

【原文】病人胸中似喘不喘,似呕不呕,似哕不哕,彻心中愦愦然无奈者,生姜半夏汤主之。

【释义】病人好像是气喘但又不是气喘,好像是呕吐但又不是呕吐,好像是呃逆但又不是呃逆,胸中烦闷得无法忍受的,用生姜半夏汤治疗。

【原文】干呕、哕,若手足厥者,橘皮汤主之。

【释义】想呕又呕不出来,且呃逆频繁连连不断,如果还有手足厥冷,可以用橘皮汤治疗。

延伸阅读

张仲景望色诊疾

据皇甫谧《针灸甲乙经》序所载,大约在建安二年(197),张仲景在荆州遇见了王粲。王粲,字仲宣,是建安七子之一。别看他油头粉面,但博闻多识,问无不对。他读过的道旁碑文,即能背诵得不错一字;看过围棋可以复局而不错一步。王粲七八岁时,在长安拜谒鸿儒名宦蔡邕(蔡文姬之父),蔡邕竟"倒屣迎之",举座为之震惊。可惜他生在乱世,无法在京城施展才华,17岁那年就投奔了荆州牧刘表。刘表重其才华,常和他宴饮酬唱。刘表死后他劝说其子刘琮归顺曹操。曹操任命王粲为丞相掾。当时王粲20岁左右,身体状况是"貌寝体瘦",其貌不扬而又消瘦。张仲景见王粲后,断定他有病。张仲景对王粲说:"你已经患病了,应该及早治疗。如若不然,到了四十岁,眉毛就会脱落。眉毛脱落后半年,就会死去。现在服五石汤,还可挽救。"王粲听了很不高兴,自认文雅、高贵,身体又没什么不舒服,便不听他的话,更不吃药。过了几天,张仲景又见到王粲,就问他:"吃药没有?"王粲骗他说:"已经吃了。"

张仲景认真观察王粲的神色,摇摇头,严肃地对他说:"你的气色根本不像吃过药的样子,你为什么如此不爱惜自己的生命呢?你一定要服用五石汤,千万不可粗心大意呀!你为什么讳疾忌医,把自己的生命看得这样轻呢?"然而王粲仍然执迷不悟,不肯相信张仲景的话。二十年后,王粲果然开始掉眉毛,半年后去世。

第三单元 《神农本草经》选读

《神农本草经》及其学术思想

《神农本草经》约起源于神农氏,代代口耳相传,于东汉时期集结整理成书。成书非一时,作者亦非一人,而是秦汉时期众多医学家搜集、总结、整理当时药物学经验成果的专著。另有说法认为,《神农本草经》很可能是后人总结神农的医药创见而成书的。作为现存最早的中药学著作,它是对中国中医药的第一次系统总结,为中药学的发展奠定了坚实基础。

《神农本草经》全书分三卷,载药365种(植物药252种,动物药67种,矿物药46种)。书中叙述了各种药物的名称、性味、有毒无毒、功效主治、别名、生长环境、采集时节以及部分药物的质量标准、炮炙、真伪鉴别等。并从临床应用出发,结合药物的自然属性对药物性能作了分类。这包括按自然属性将药物分为六部,即玉石、草、木、虫兽、果菜、米食;又按性能将药物分为上、中、下三品。这样的分类透露出合理的科学思维,并深化了由《黄帝内经》提出的药物配伍思想,提出方剂配伍的"七情合和"准则;同时强调对症下药。

受阴阳五行理论的影响,《神农本草经》提出将药性药味归纳概括为"四气五味"的思想。"四气"是在阴阳、寒热概念的基础上,进一步将药性细分为寒、温、热、凉四类;"五味"即指酸、咸、甘、苦、辛,此完全与五行本义相吻合。

《神农本草经·序例》将各种药物的配伍关系归纳为"有单行者,有相须者,有相使者,有相畏者,有相恶者,有相反者,有相杀者,凡此七情,合和视之"。这说明那个时代是有"中药方剂学"的,是有组方用药的,而不是简单的直接的"对症"用药。

《神农本草经》不仅是中国现存最早的中药学著作,而且其学术思想在中医药学领域具有深远影响。它提出的药物分类、性能描述、配伍原则等理论为后世中医药学的发展奠定了坚实基础。

《神农本草经》选篇解读

序录

【原文】上药一百二十种为君，主养命以应天，无毒，多服、久服不伤人。欲轻身益气，不老延年者，本上经。

【释义】上等药材有一百二十种，是药中的君主，主要功效为滋养生命与自然规律相适应，没有毒，可以大量服用、长期服用也不会损伤人。要想使身体轻便、气力增加、延缓衰老、延长寿命，要依据《本经》的上经部分。

【原文】中药一百二十种为臣，主养性以应人，无毒有毒，斟酌其宜，欲遏病补虚羸者，本中经。

【释义】中等药材有一百二十种，相当于药材中的臣子，主要功效为调养人的自然性情，以达到身心健康的境界，适应人类社会，这些药有的无毒，有的有毒，使用时应考虑它们是否适宜配伍。如果想消除疾病，补虚损羸瘦，应依据《本经》的中经部分。

【原文】下药一百二十五种为佐使，主治病以应地，多毒，不可久服。欲除寒热邪气，破积聚，愈疾者，本下经。

【释义】下等的药材有一百二十五种，是药材中充当辅助作用的药物，主要功效为治疗疾病与地气相应和，其中多数都有毒，不可长期服用。想祛除寒、热邪气，消散积聚，治疗疾病的人，可依据《本经》的下经部分。

【原文】药有药物一百二种作君药，有君臣佐使，以相宣摄合和，宜一君、二臣、三佐、五使，又可一君三臣九佐使也。

【释义】药物有君臣佐使之分,选择那些如同下诏书的皇帝一样的药做君药,辅佐皇帝的则为臣药,配合君臣的可做佐药,能协调各药药性的作为使药。比较好的配合应是一味君药,两味臣药,三味佐药,五味使药;也可以用一味君药,三味臣药,九味佐使药。

【原文】药有阴阳配合,子母兄弟,根茎花实,草石骨肉。

【释义】药物有阴阳属性匹配结合的原则,他们有着母子兄弟般的关系,如根与茎、花与实、草与石、骨与肉。

【原文】药有酸、咸、甘、苦、辛五味,又有寒、热、温、凉四气及有毒无毒,阴干暴干,采造时月生熟,土地所出,真伪陈新,并各有法。

【释义】药物有酸、咸、甘、苦、辛五种味道,还有寒、热、温、凉四气及有毒、无毒之分,有的药应在阴处晾干,有的则需在阳光下晒干,采集、加工制作要适宜季节和月份,分未成熟的和成熟的,地里生长的药物也要分辨真与假,陈旧与新鲜,不同药有不同的加工方法。

【原文】欲疗病,先察其源,先候病机。五脏未虚,六腑未竭,血脉未乱,精神未散,服药必活;若病已成,可得半愈,病势已过,命将难全。

【释义】在治疗疾病之前,应当先察看得病的根源,诊断疾病的关键之处。如果患者五脏没有虚损,六腑没有衰竭,血脉没有散乱,精与神都没有离散,那么服药后一定可以存活;如果患者已经得了严重的疾病,只有一半治愈的希望,但如果病情已经很严重了,则性命难保。

【原文】疗寒以热药,疗热以寒药;饮食不消以吐下药;鬼疰、蛊毒以毒药;痈肿疮瘤以疮药;风湿以风湿药。各随其所宜。

【释义】治疗寒病应当用温热药,治疗热病当用寒凉药;饮食不消化可用涌吐、泻下药;鬼疰、蛊毒病则用毒药;痈肿疮瘤需用治疮药;风湿病就用祛风湿药。应根据各药的药性治疗其所适宜的病。

上品

【原文】丹砂,味甘,微寒。主身体五脏百病,养精神,安魂魄;益气;明目;杀精魅邪恶鬼。久服通神明不老。能化为汞。生山谷。

【释义】丹砂,味甘,性微寒。主治身体五脏的多种疾病,能使精神补养,使魂魄安静;补益气力;使眼睛视物明亮;能杀死妖邪坏鬼。长时间服用能使神志清醒,长寿不老。能化为水银。产于山中深谷处。

【原文】菊花,味苦,平。主诸风,头眩,肿痛,目欲脱,泪出;皮肤死肌,恶风湿痹。久服利血气,轻身耐老,延年。一名节华。生川泽及田野。

【释义】菊花,味苦,性平。主治风邪所致的头眩晕胀痛;眼睛好像将要出来,流泪不止;皮肤如死肉一样没有感觉及怕风的湿痹证等。长期服用能使气血通利,使身体轻巧而延缓衰老,寿命延长。菊花也叫节花,生长在溪流、水草丛杂的地方和耕田、荒野中。

【原文】人参,味甘,微寒。主补五脏,安精神、定魂魄、止惊悸;除邪气;明目,开心益智。久服轻身延年。一名人衔,一名鬼盖。生山谷。

【释义】人参,味甘,性微寒。主要能补养五脏,使神志魂魄安定;能止惊悸,且祛除邪气;使眼睛明亮,开启心窍,增加想象力和智慧。长期服用能使身体轻巧灵便,寿命延长。人参也叫人衔,还叫鬼盖,生长在山中的深谷处。

【原文】甘草,味甘,平。主五脏六腑寒热邪气;坚筋骨,长肌肉,倍力;金创𦡱;解毒。久服轻身延年。生川谷。

【释义】甘草,味甘,性平。主治五脏六腑的寒热邪气;能使筋骨坚固,使肌肉增多,使力气倍增;治疗金刃伤所致疮肿;能解毒物。长期服用可使身体轻便,寿命延长。生长在陆地且有流水的地方。

【原文】薯蓣,味甘,温。主伤中,补虚羸,除寒热邪气。补中,益气力,长肌肉。久服耳目聪明,轻身,不饥,延年。一名山芋。生山谷。

【释义】薯蓣,味甘,性温。主治内脏损伤,能补虚弱消瘦,消除寒热邪气;能修补内脏,增添气力,使肌肉增长。长期服用能使人听力增强,眼睛视物清楚,身体轻便,没有饥饿感,寿命延长。薯蓣也叫山芋,生长在两山之间有流水的地方。

【原文】术,味苦,温。主风寒湿痹死肌,痉;疸;止汗;除热;消食,作煎饵。久服轻身延年,不饥。一名山蓟。生山谷。

【释义】术,味苦,性温。主治风寒湿邪引起的痹症,肌肉萎缩或无力,肌肉痉挛或抽搐;黄疸;可用于多汗症;清热解毒;促进消化,可以加工成糕饼服用。长期服用可以延年益寿,并且减少饥饿感。白术别名山蓟。生长在山谷中。

【原文】干地黄,味甘,寒。主折跌绝筋;伤中,逐血痹,填骨髓,长肌肉,作汤除寒热积聚,除痹;生者尤良。久服轻身不老。一名地髓。生川泽。

【释义】干地黄,味甘,性寒。主跌倒打断筋;内脏损伤;能祛血瘀;充填骨髓,使肌肉生长。煎成汤剂能去除积聚疼痛,发冷发烧;祛除痹证。生的效果好。长期服用能使身体轻巧而不衰老。又叫地髓。生长在有流水而平坦的地方。

【原文】阿胶,味甘,平。主心腹内崩,劳极洒洒如疟状,腰腹痛,四肢酸疼;女子下血,安胎。久服轻身益气。一名傅致胶。

【释义】阿胶,味甘,性平。主治心腹脏器亏损,劳极之证出现的如同疟疾发冷的样子,腰腹痛,四肢发酸而疼。能治女子非月经期间的阴道出血,能使胎儿安和。长期服用使身体轻巧,增加气力。另一个名字叫傅致胶。

【原文】麦门冬,味甘,平,主心腹结气伤中,伤饱胃络脉绝,羸瘦短气,久服轻身,不老,不饥。生川谷及堤阪。

【释义】麦门冬,味甘,性平。主治心腹间有邪气结聚,脏腑气伤,饱食伤胃、胃络脉有间断,身体瘦弱、体虚气短。长期服用使身轻体捷,延缓衰老,耐饥饿。生长于川泽河谷地带及池塘的堤坡。

【原文】茯苓,味甘,平。主胸胁逆气忧恚;惊邪恐悸;心下结痛,寒热烦满,咳逆,口焦舌干,利小便;久服安魂养神;不饥延年。一名茯菟。生山谷。

【释义】茯苓,味甘,性平。主治忧郁使胸胁有气向上行,惊骇恐惧和心悸,胃脘有聚积疼痛,寒热病及烦闷,咳嗽呃逆,口燥舌干,使小便通利。长期服用使魂魄安和,心神得养,没有饥饿感,寿命延长。另一个名字叫茯菟。生长在山谷大松下,多寄生于马尾松或赤松的根部。

【原文】柴胡,味苦,平。主心腹肠胃中结气,饮食积聚;寒热邪气;推陈致新。久服轻身明目,益精。一名地熏。生川谷。

【释义】柴胡,味苦,气平,主治因气滞引起的心腹疼痛和肠胃不适,改善因饮食不当引起的肠胃不适和消化不良,驱除寒热邪气,改善由寒热引起的疾病,促进机体新陈代谢,增强机体的自我修复能力。长期服用可提高身体的整体功能和活力,改善视力,益精血。又名地熏。产于川泽河谷地带。

【原文】牡桂,味辛,温。主上气咳逆,结气,喉痹,吐吸,利关节,补中益气。久服通神,轻身不老,生山谷。

【释义】牡桂,味辛,性温。治疗咳喘病症,胸痹病,喘证,关节痹症,以通为补,真实假虚。久服阳气宣通,则如同天气清净光明,阳气通利、充沛,长期服用可使身体轻巧而不衰老。生长于山中深谷处。

中品

【原文】雄黄，味苦，平。主寒热鼠瘘、恶疮、疽、痔死肌；杀精物恶鬼邪气；百虫毒；胜五兵。炼食之，轻身神仙。一名黄金石。生山谷。

【释义】雄黄，味苦、性平。主治寒热之邪造成的鼠瘘、恶疮、疽、痔等肌肉坏死症；能治疗精神失常症，驱除邪气，杀灭虫毒，其功效胜过五种兵器；服食炼制后的雄黄，能使身体轻巧灵便，如同神仙。雄黄也叫黄金石，产于山中深谷处。

【原文】石膏，味辛、微寒。主中风寒热，心下逆气，惊，喘，口干舌焦不能息，腹中坚痛；除邪鬼；产乳；金疮。生山谷。

【释义】石膏，味辛，性微寒。主治被风邪所伤引起的身体忽冷忽热，胃脘部有气上逆而欲呕，惊风抽搐，呼吸急促，口干舌燥，使人不得安宁，腹内坚硬且疼痛等症状；能祛除邪气恶鬼；有利于清除妇人产后体内郁热；治疗金属创伤所致的出血。石膏产于山的深谷中。

【原文】干姜，味辛，温。主胸满，咳逆上气；温中止血；出汗，逐风湿痹；肠澼下痢。生者尤良。久服去臭气，通神明。生川谷。

【释义】干姜，味辛，性温。主治胸闷，咳嗽，呼吸困难；能温煦脏腑，止血；使人发汗，以驱逐风湿痹症。治疗泄泻下痢，生姜效果更好。长期服用干姜能祛除不良气味，使神志清晰，思维敏捷，身体机能畅达。姜生长在山中有流水的地方。

【原文】麻黄，味苦，温。主中风、伤寒头痛；温疟，发表出汗，去邪热气；止咳逆上气，除寒热；破症坚积聚。一名龙沙。生山谷。

【释义】麻黄，味苦，性温。主治中风伤寒引起的头痛；温疟先高烧后发冷，使人出汗，令邪气从肌肤发表出来，以祛除邪热之气；能止咳逆，消除吸气困难及发冷发烧症状；能消散坚硬的肿块及积聚。麻黄也叫龙沙，生长在山中的深谷处。

【原文】百合,味甘,平。主邪气腹胀心痛;利大、小便;补中益气。生川谷。

【释义】百合,味甘,性平。主治邪气郁滞导致的腹胀胃脘疼痛;能通利大小便;补益内脏,增加气力。百合生长在山川河谷地带。

【原文】秦椒,味辛,温。主风邪气;温中除寒痹;坚齿发,明目。久服轻身,好颜色,耐老增年,通神。生川谷。

【释义】秦椒,味辛,性温。主治风邪;可安和内脏,以祛除寒邪闭阻;能使齿发坚固,眼睛视物清楚。长期服用可使身体轻便,面容润泽,延缓衰老,使神志清明。秦椒生长在两山之间的高坡土地上且有流水的地方。

【原文】龙眼,味甘,平。主五脏邪气;安志,厌食。久服强魂聪明,轻身不老,通神明。一名益智。生山谷。

【释义】龙眼,味甘,性平。主治五脏之中的邪气;能使精神安定;治疗厌食。长期服用可使精神健旺,听力灵敏,眼睛视物清楚,身体轻巧,并延缓衰老,使神志清明。龙眼也叫益智,生长在山中的深谷处。

【原文】厚朴,味苦,温。主中风、伤寒头痛,寒热,惊悸,气血痹死肌,去三虫。生山谷。

【释义】厚朴,味苦,性温。主治伤风、伤寒头痛,发冷,发热;惊恐,心慌,气血痹阻如死肉一样没有感觉;能够去除三虫。生长在山中有流水的地方。

【原文】葛根,味甘,平。主消渴,身大热,呕吐,诸痹,起阴气,解诸毒。葛谷,主下利,十岁已上。一名鸡齐根。生川谷。

【释义】葛根,味甘,性平。主治消渴,身体高热,呕吐,各种肢体痛,能起阴气,解热毒、酒毒、食物中毒等多种毒。葛谷,主治下痢、久痢,有的病程长达十年。葛根又名鸡齐根。生于靠水之山坡及山间低道上。

【原文】栀子,味苦。主五内邪气;胃中热气,面赤;酒疱皶鼻、白癞、赤癞、疮疡。一名木丹。生川谷。

【释义】栀子,味苦。能清五脏邪气,尤清胃中燥热之气,治疗面热红赤;酒糟鼻,麻风中湿热所致白癞,火热所致赤癞,疮疡。又名木丹。生长在山谷中。

【原文】黄芩,味苦,平。主诸热,黄疸,肠澼,泄痢,逐水,下血闭,恶疮疽蚀,火疡。一名腐肠。生川谷。

【释义】黄芩,味苦,性平。主治各种热证,黄疸、痢疾、泄泻,并能祛除水湿、下瘀通经,治疗恶疮、痈疽、肌肉溃疡、火疮肿痛等证。又名腐肠。生长在山谷中。

【原文】黄连,味苦,寒。主热气,目痛,眦伤泣出,明目,肠澼,腹痛下利,妇人阴中肿痛,久服令人不忘。一名王连。生川谷。

【释义】黄连,味苦,性寒。主治由热邪或阳气亢盛引起的热性证候。可治疗目赤肿痛、眼角受伤、眼泪易出等眼疾。在治疗大肠湿热造成的腹痛、腹泻、痢疾方面和妇女阴器内肿胀疼痛有着显著的疗效。长期服用能改善人的记忆力,消除健忘。黄连也叫王连,生长在两山之间土地上有流水的地方。

【原文】当归,味甘,温。主咳逆上气,温疟,寒热,洗洗在皮肤中,妇人漏下绝子,诸恶疮疡、金疮。煮饮之。一名干归。生川谷。

【释义】当归,味甘,性温。主治咳嗽气逆,甚至喘息,温疟,身发寒热,恶风寒,非经期妇女阴道点滴出血,不孕,各种恶疮、痈疡、金疮等。煮汁饮用。又名干归,生长在川坡及山间低道旁。

【原文】芎䓖,味辛,温。主中风入脑头痛,寒痹,筋挛缓急,金疮,妇人血闭无子。生川谷。

【释义】芎䓖,味辛,性温。主治风寒之邪上袭头部,风寒痹症,筋脉病变,筋脉挛急,金属利器损伤身体,妇人闭经,不孕。生长于山川深谷。

下品

【原文】石灰,味辛,温。主疽疡疥瘙;热气恶疮;癫疾死肌堕眉;杀痔虫;去黑子、息肉。一名恶灰。生山谷。

【释义】石灰,味辛,性温。主治疽溃疡,疥疮瘙痒;热邪使人生恶疮;麻风病导致肌肉麻木不仁,眉须掉落;能治疗痔疮,并点除黑痣、肉疙瘩。石灰一般在土石上且有流水的地方加工制造。

【原文】附子,味辛,温。主风寒咳逆邪气;温中;金疮;破症坚、积聚血瘕;寒湿踒躄;拘挛膝痛不能行步。生山谷。

【释义】附子,味辛,性温。主治风寒咳嗽之邪气;能安和内脏;治疗金属创伤;攻克顽固的症坚和积聚的血瘕;消除寒湿引起的腿瘸,走路脚落地时像踏地一样,且膝部拘挛疼痛难以行走。附子生长在山中的深谷处。

【原文】桔梗,味辛,微温。主胸胁痛如刀刺;腹满肠鸣幽幽;惊恐,悸气。生山谷。

【释义】桔梗,味辛,性微温。主治胸胁疼痛如同刀刺;消除腹部胀满,肠鸣不断,惊恐,止心悸。桔梗生长在山中有流水的地方。

【原文】白头翁,味苦,温。主温疟;狂易寒热,症瘕积聚;瘿气;逐血止痛;金疮。一名野丈人,一名胡王使者。生山谷。

【释义】白头翁,味苦,性温。主治温疟;时冷时热,发狂;症瘕积聚;瘿瘤;能消散瘀血,止痛;治疗金属创伤。白头翁也叫野丈人、胡王使者,生长在山谷中有流水的地方。

【原文】苦瓠,味苦,寒。主大水,面目、四肢浮肿,下水;令人吐。生平泽。

【释义】苦瓠,味苦,性寒。主治严重的水湿,面目、四肢浮肿,能使水流下;有涌吐的作用。苦瓠生长在平原水草丛杂的地方。

【原文】水蛭,味咸,平。主逐恶血;瘀血月闭;破血瘕积聚,无子;利水道。生池泽。

【释义】水蛭,味咸,性平。主要功效为驱逐死血;治疗瘀血经闭;消散血瘕积聚,使人有子;还可通利水道。水蛭生活在水塘、沟渠、湖泊中。

【原文】半夏,味辛,平。主伤寒寒热心下坚,下气;喉咽肿痛;头眩;胸胀,咳逆、肠鸣,止汗。一名地文,一名水玉。生山谷。

【释义】半夏,味辛,性平。半夏主要用于治疗外感风寒引起的寒热症状,治疗心下(胃部)的硬结、痞满等不适,有助于缓解胃部不适。治疗因气逆引起的症状,如打嗝、呕吐。治疗咽喉肿痛、头晕目眩、胸部胀闷不适、咳嗽、气逆、肠鸣、自汗、盗汗等。别名有地文和水玉,生长在山谷和田野中。

【原文】杏核仁,味甘,温。主咳逆上气,雷鸣,喉痹下气,产乳,金疮,寒心奔豚。生川谷。

【释义】杏核仁,味甘,性温。主要治疗咳嗽、气逆、喉中有痰鸣声、咽喉发痒肿痛等病症,具有降气、催乳的功效,还可治疗刀伤,治疗寒邪入心、奔豚(奔豚有二,其一由于肾阳亏虚,水气上冲;其二由于肝脏气火上逆)之气引起的病症。杏核仁通常生长在山川河谷地带。

【原文】大黄,味苦,寒。主下瘀血,血闭,寒热,破症瘕、积聚,留饮,宿食,荡涤肠胃,推陈致新,通利水谷,调中化食,安和五脏。生山谷。

【释义】大黄,味苦,性寒,无毒。主治血瘀证,女子闭经,寒热症状,癥瘕积聚,留饮,宿食食积,可以荡涤肠胃,推陈致新,调中化食,促进代谢,使五脏安和,六腑通顺。生长在山谷中。

延伸阅读

神农氏

神农，又称神农氏。传说，远古时代，五谷和杂草长在一起，草药和百花开在一起，哪些可以吃，哪些不可以吃，谁也分不清。神农氏就一样一样地尝，一样一样地试种，最后为黎民百姓找到了充饥的五谷。神话传说中神农从百草千卉中选出稻子、黍子、高粱、麦子、豆子五种粮食植物，这就是人们所说的"五谷"，他教会了人们辨认这五谷，以便采集食用，并教人们自己种植粮食，解决了人们的吃饭问题。

神农见人们都能吃饱了，十分欣慰，但他仍被另一件事困扰，那就是人们吃的东西很杂，也很不卫生，所以经常受到疾病的折磨。那时候没有医生，也不知道用药治病，好端端一个人，突然得了病，都以为是上天的惩罚，就只能等死了。疾病就像天上的星星多得数不清，没有哪一种灵丹妙药能包治百病。但上哪儿去找那么多种药呢？神农坐在林子里苦思冥想，突然灵机一动，那些得病的牛羊不就是吃了一些野草树叶而康复的吗？神农为自己的发现兴奋不已。同时他也很清楚，虽然成千上万的草木大部分是有益的，但也有一些不仅不能治病，还含有剧毒，人吃了会要人性命。为了找出治病的良药，他决心亲自尝遍百草。为了给天下百姓治病，神农跋山涉水，尝过的草药难以计数，也时常因此而中毒，多的时候一天中过七十多次毒。虽然他靠着自己的神力一次次将毒素排除，但有时也免不了昏死过去。然而神农为了拯救百姓，早就把生死置之度外了。他把药的功能清楚地记录下来，并传给了后人。我们今天还用这些草药治病呢！

第四单元 温病学选读

温病学及其学术思想

温病学派是中国明代末年以后,在南方逐渐兴起的,是以研究外感温热病为中心的一个学术派别。流行性疾病增多是明清时期医学界面临的新问题。由于传统的伤寒法治疗这些瘟疫的效果并不理想,当时的医家不得不寻找新的出路,这便为温病学说的产生创造了条件。加之江南气候湿热,温病多发,使得江南医家有了更多治疗温病的实践机会,这是温病学派产生于中国南方特别是江南地区的一个重要原因。除此以外,前代医家的不断探索也为温病学派的产生奠定了坚实的理论和实践基础。在这些原因的共同作用下温病学派也就应运而生。

在清代众多医家中,首推"温热大师"叶天士,他对温病学做出了杰出贡献。他的著作《温热论》是对治疗温病的大量临证经验的高度概括和总结,是温病学理论体系的奠基之作。该书系统地阐明了温病的病因、病机、感邪途径、邪犯部位、传变规律和治疗方法等。叶天士创立了卫气营血学说,用以阐明温病病机变化及其辨证论治规律,并提出了卫气营血各阶段的治疗方法,丰富和发展了温病诊断方法。与叶天士同时代的医家薛生白,立湿热为专论,其代表作《湿热病篇》对湿热病的病因、病机、辨证论治做了较为全面、系统的论述,阐述了湿热的发展规律,形成了湿热的三焦分治体系。吴鞠通在前人学术成就的基础上,结合自己的临床经验,编著了系统论述四时温病的专著《温病条辨》。他倡导三焦辨证,对四时温病进行辨证论治,整理总结了一套温病的治疗方法和方剂,使温病学的辨证论治内容更趋完善。王孟英编纂的《温热经纬》,对 19 世纪 60 年代以前的温病学理论和证治做了较全面的整理。

叶天士、薛生白、吴鞠通、王孟英,被誉为清代温病四大家。由于四大家的卓越贡献,温病学形成了以卫气营血和三焦为核心的辨证论治体系,形成了对温热和湿热两大类温病的一整套的辨治原则和治疗方法,温病的理论和临床达到了前所未有的高峰。

本单元节选《温热论》《湿热病篇》《温病条辨》部分重点条文进行解读。

 《温热论》选篇解读

【原文】温邪上受，首先犯肺，逆传心包。肺主气属卫，心主血属营，辨营卫气血虽与伤寒同，若论治则与伤寒大异也。

【释义】温邪从口鼻入侵，首犯手太阴肺经，肺心同居上焦，若手太阴肺卫病变直接进入手厥阴心包即谓之逆传。卫气分病变主要与肺相关，营血分病变主要与心相关。伤寒与温病同属外感热病，其发生发展及传变均符合由表入里、由浅入深的一般规律，都有营卫气血的改变，但治法明显不同。

【原文】大凡看法，卫之后方言气，营之后方言血。在卫汗之可也，到气才可清气，入营犹可透热转气，如犀角、元参、羚羊角等物，入血就恐耗血动血，直须凉血散血，如生地、丹皮、阿胶、赤芍等物。否则前后不循缓急之法，虑其动手便错，反致慌张矣。

【释义】一般来说，温病初起邪在卫分，病情轻浅，继之入里传入气分，病情加重，进而深入营分，病情更重，最后邪陷血分，病情最为深重。治疗卫分证宜辛凉透汗，使邪从外解；气分证的治疗应当清气泄热；邪热入营，治宜清营热、滋营阴，佐以轻清透泄之品，使营分邪热透转到气分而解，药如犀角、元参、羚羊角等；针对血分证用"凉血散血"之法治疗。药如生地、丹皮、阿胶、赤芍等，若不细辨轻重缓急，就会动手出错，反致惊恐慌张。

【原文】盖伤寒之邪留恋在表，然后化热入里，温邪则热变最速。未传心包，邪尚在肺，肺主气，其合皮毛，故云在表。在表初用辛凉轻剂。挟风则加入薄荷、牛蒡之属，挟湿加芦根、滑石之流。或透风于热外，或渗湿于热下，不与热相搏，势必孤矣。

【释义】伤寒由外感寒邪所致,初起寒邪束表而呈现表寒症,必待寒郁化热后逐渐内传而成里热证候,化热传变的过程相对较长。温病由外感温邪所致,初起温邪袭表,热邪传变迅速,邪热每易内传入里,或逆传心包,或内陷营血而致病情骤然加剧。温邪从口鼻而入,初起多有肺卫分过程,邪热未传心包尚在肺卫,病仍在表。温邪在表,治宜辛凉宣透,轻清疏泄,用辛凉轻剂。切不可误用辛温发汗,助热伤津,而致生变。温邪每易兼夹风邪或湿邪为患,治疗夹风者,在辛凉轻剂中可加入薄荷、牛蒡等辛散之品,使风从外解,热易清除;治疗夹湿者,在辛凉轻剂中加入芦根、滑石等甘淡渗湿之品,使湿从下泄,不与热合,分而解之。

【原文】不尔,风挟温热而燥生,清窍必干,为水主之气不能上荣,两阳相劫也。湿与温合,蒸郁而蒙蔽于上,清窍为之壅塞,浊邪害清也。其病有类伤寒,其验之之法,伤寒多有变证,温热虽久,在一经不移,以此为辨。

【释义】风与温热均属阳邪,两阳相合,风火交炽,势必耗劫津液,无津上荣,必然会出现口鼻咽等头面清窍干燥之象。湿为阴邪,热为阳邪,湿与热合,湿热交蒸,蒙蔽于上,清阳之气被其阻遏,必然出现耳聋、鼻塞、头目昏胀,甚或神识昏蒙等清窍壅塞见症。温热夹湿证初起与伤寒类似,然传变各有特点。伤寒初起邪气留恋在表,然后化热入里,有六经传变。温热夹湿证,湿邪淹滞粘腻,流连气分时间较长,相对来说传变较慢,变化较少。

【原文】若其邪始终在气分流连者,可冀其战汗透邪,法宜益胃,令邪与汗并,热达腠开,邪从汗出。

【释义】温邪始终流连于气分者,说明正气尚未虚衰,邪正相持于气分,可望通过"益胃"法,宣通气机,补足津液,借战汗来透达邪热外解。

【原文】再论气病有不传血分,而邪留三焦,亦如伤寒中少阳病也。彼则和解表里之半,此则分消上下之势,随证变法,如近时杏、朴、苓等类,或如温胆汤之走泄。因其仍在气分,犹可望其战汗之门户,转疟之机括。

【释义】邪留三焦与伤寒少阳病均属半表半里证,但伤寒为邪郁足少阳胆经,枢机不利,治宜小柴胡汤和解表里;邪留三焦为湿热阻遏三焦,气化失司,治宜分消走泄,宣通三焦,用杏仁、厚朴、茯苓,或用温胆汤宣通三焦气机、化痰清热利湿。湿热病邪在气分,正盛邪实,如治疗得法,气机宣通,痰湿得化,可望通过战汗,或转为疟状,使邪与汗并出,逐邪外达而解。

【原文】再论三焦不得从外解,必致成里结。里结于何?在阳明胃与肠也。亦须用下法,不可以气血之分,就不可下也。但伤寒邪热在里,劫烁津液,下之宜猛;此多湿邪内搏,下之宜轻。伤寒大便溏为邪已尽,不可再下;湿温病大便溏为邪未尽,必大便硬,慎不可再攻也,以粪燥为无湿矣。

【释义】湿热邪留三焦,经治疗仍不能外解者形成湿热积滞胶结胃肠之证,其临床表现为大便溏而不爽,色黄如酱,其气臭秽较甚等,同时可伴见身热不退,腹胀满,苔黄腻或黄浊等症状,治疗也须用下法。伤寒阳明里结证为里热炽盛,燥屎搏结于肠,以大便秘结为特征,故下之宜猛,急下存阴。湿温病里结阳明多系湿热与积滞胶结肠腑,临床以大便溏而不爽为特点,故下之宜轻宜缓,反复导滞通便,祛除肠中湿热积滞。伤寒攻下后见大便溏软为燥结已去,腑实已通,不可再用攻下法;湿温病里结为湿热积滞胶结肠腑,轻法频下后见大便成形为湿热积滞已尽,不可用下。

【原文】再论其热传营,舌色必绛。绛,深红色也。初传,绛色中兼黄白色,此气分之邪未尽也,泄卫透营,两和可也。纯绛鲜泽者,包络受病也,宜犀角、鲜生地、连翘、郁金、石菖蒲等。延之数日,或平素心虚有痰,外热一陷,里络就闭,非菖蒲、郁金等所能开,须用牛黄丸、至宝丹之类以开其闭,恐其昏厥为痉也。

【释义】邪热传营,舌质颜色多由红转绛,即深红色,这是营分证的一个重要指征。邪热初传营分,舌色虽已转绛,但常罩有黄白苔垢,此为气热未尽,病情较轻,治宜于清营药物中佐以清气透泄之品,两清气营。若热入心营,包络受邪,则见舌质纯绛鲜泽等,治宜清心开窍,用犀角、鲜生地、连翘、郁金、石菖蒲之类。若治不及时,延之数日,或患者平素心虚有痰湿内伏,则热邪必与痰浊互结而闭阻包络,其神志症状更为严重,甚至出现昏愦不语等危症,此时已非菖蒲、郁金等一般芳香开窍之品所能胜任,当急予安宫牛黄丸、至宝丹之类清心化痰开窍,否则可造成痉厥等险恶局面。

【原文】再温热之病,看舌之后亦须验齿。齿为肾之余,龈为胃之络。热邪不燥胃津必耗肾液。

【释义】温病除了辨舌,还要看牙齿的情况。肾主骨,齿为骨之余,龈为阳明经脉所络,胃津与肾液的耗伤程度可以反映在齿、龈上。温病邪热伤阴,早期以耗伤胃津为主,后期以伤及肾液为主。

【原文】凡斑疹初见,须用纸捻照见胸背两胁。点大而在皮肤之上者为斑,或云头隐隐,或琐碎小粒者为疹,又宜见而不宜见多。按方书谓斑色红者属胃热,紫者热极,黑者胃烂,然亦必看外证所合,方可断之。

【释义】斑疹初现时,要用纸捻点燃照看一下,以胸背及两胁最为多见。凡点大成片,平摊于皮肤之上者为斑;如若隐若现,或呈琐碎小粒,高出于皮面者为疹。斑疹外发,标志着营血分邪热有外达之机,故"宜见";如斑疹外发过多过密,表明营血分热盛毒深,故"不宜见多"。温病发斑为阳明热毒,内迫营血,外溢肌肤所致。色红为胃热炽盛;色紫为邪毒深重;色黑则为热毒极盛,故称"胃烂"。但仅凭斑色尚不全面,须结合全身脉证才能正确诊断。

《湿热病篇》选篇解读

【原文】湿热证,始恶寒,后但热不寒,汗出胸痞,舌白,口渴不引饮。

【释义】湿热病初起的典型症状,即"始恶寒,后但热不寒,汗出,胸痞,舌白,口渴不引饮"六大主症。

【原文】湿热证,恶寒,无汗,身重,头痛,湿在表分,宜藿香、香薷、羌活、苍术皮、薄荷、牛蒡子等味。头不痛者,去羌活。

【释义】湿邪伤表,卫阳被遏,阻滞气机,湿未化热,故恶寒无汗,头痛身重,病在表,故用藿香、香薷、苍术皮等芳香辛散,佐以羌活祛风胜湿,薄荷、牛蒡子宣透卫表。头痛常为夹风之征,头不痛者去羌活。

【原文】湿热证,恶寒,发热,身重,关节疼痛,湿在肌肉,不为汗解,宜滑石、大豆黄卷、茯苓皮、苍术皮、藿香叶、鲜荷叶、白通草、桔梗等味。不恶寒者,去苍术皮。

【释义】湿已化热,故发热;湿着肌肉,故身重,关节疼痛;湿性粘滞,与热交蒸,故不能随汗而解。用滑石、大豆黄卷、茯苓皮、白通草、鲜荷叶等利湿泄热。湿着肌表,故仍用藿香叶、苍术皮芳香宣化,卫表郁闭不甚而又不恶寒者则去苍术皮。

【原文】湿热证,寒热如疟,湿热阻遏膜原,宜柴胡、厚朴、槟榔、草果、藿香、苍术、半夏、干菖蒲、六一散等味。

【释义】表现为寒热如疟,但又不似疟之寒热发有定期,而是寒热交替或寒热起伏,是湿热阻遏膜原。治应宣透膜原,辟秽化浊,用柴胡、厚朴、草果、槟榔、半夏、苍术、藿香、干菖蒲、六一散等治疗。

【原文】湿热证,舌遍体白,口渴,湿滞阳明,宜用辛开,如厚朴、草果、半夏、干菖蒲等味。

【释义】舌遍体发白，口渴而不欲饮，是湿邪尚未化热，故治用辛燥之品祛湿理气，用厚朴、草果、半夏、干菖蒲等治疗。

【原文】湿热证，初起发热，汗出，胸痞，口渴，舌白，湿伏中焦，宜藿梗、蔻仁、杏仁、枳壳、桔梗、郁金、苍术、厚朴、草果、半夏、干菖蒲、佩兰叶、六一散等味。

【释义】湿热交蒸，初起发热，虽汗出而热不除，胸脘痞满堵塞，口渴，舌苔白滑、白腻，是湿热邪伏中焦所致，宜用藿香、蔻仁、杏仁、枳壳、桔梗、郁金、苍术、厚朴、草果、半夏、干菖蒲、佩兰叶、六一散等芳香运脾化湿，辛苦温以燥中焦之湿，淡渗清热利湿。

【原文】湿热证，舌根白，舌尖红，湿渐化热，余湿犹滞，宜辛泄佐清热，如蔻仁、半夏、干菖蒲、大豆黄卷、连翘、绿豆衣、六一散等味。

【释义】湿重热轻之候，舌根虽仍白腻，但舌尖红，揭示湿渐化热。治疗用蔻仁、半夏、干菖蒲辛散开泄，用大豆黄卷、连翘、绿豆衣、六一散清热利湿。

【原文】湿热证，壮热口渴，自汗，身重，胸痞，脉洪大而长者，此太阴之湿与阳明之热相合。宜白虎加苍术汤。

【释义】阳明热盛则见壮热口渴、自汗、脉洪大而长，太阴脾湿未化则身重胸脘痞满，此即"太阴之湿与阳明之热相合"。治以清热为主兼以化湿，以白虎汤清阳明之热，佐以苍术燥太阴之湿，相得益彰。

【原文】湿热证，数日后自利，溺赤，口渴，湿流下焦，宜滑石、猪苓、茯苓、泽泻、萆薢、通草等味。

【释义】湿热病虽已数日，仍大便溏泄、小便涩滞，口渴，是湿流下焦，小肠泌别失职、大肠传导失司，膀胱气化失常。治当分利湿邪，药物取淡渗利湿之品，用滑石、猪苓、茯苓、泽泻、萆薢、通草等治疗。

【原文】湿热证，七八日，口不渴，声不出，与饮食亦不却，默默不语，神识昏迷,进辛香凉泄,芳香逐秽,俱不效。此邪入厥阴,主客浑受,宜仿吴又可三甲散,醉地鳖虫、醋炒鳖甲、土炒穿山甲、生僵蚕、柴胡、桃仁泥等味。

【释义】湿热病病发七八日,口不渴,不说话,不想吃饭,意识模糊,神情呆顿,用辛香凉泄、芳香逐秽的方法治疗,都无效。这是湿热余邪在正气亏损、气血经脉不畅的情况下深入阴分血络,脉络瘀滞,治当活血通络,破滞通瘀,仿吴又可三甲散,用醉地鳖虫、醋炒鳖甲、土炒穿山甲、生僵蚕、柴胡、桃仁泥等破瘀通滞、破积消瘀,使络中痰瘀之邪消散而解。

【原文】湿热证,呕恶不止,昼夜不瘥,欲死者,肺胃不和,胃热移肺,肺不受邪也,宜用川连三四分,苏叶二三分,两味煎汤,呷下即止。

【释义】湿热余邪在胃,胃失和降,胃气上逆所致呕吐剧烈,是肺胃不和,胃热上扰。治宜川连、苏叶降逆顺气,以除余湿。

【原文】湿热证,湿热伤气,四肢困倦,精神减少,身热气高,心烦溺黄,口渴自汗,脉虚者,用东垣清暑益气汤主治。

【释义】暑热炽盛,津气耗伤,则身热、呼吸短促、心烦尿黄,口渴自汗、神倦脉虚,四肢困倦。治宜补益津气,清暑泄热,祛湿,方用东垣清暑益气汤。

【原文】湿热证,身冷脉细,汗泄胸痞,口渴舌白,湿中少阴之阳。宜人参、白术、附子、茯苓、益智等味。

【释义】素体阳气不足,或湿邪久滞,损伤阳气,或治疗时寒凉太过,均可致湿从寒化,而呈寒湿之象,故而身冷、脉细、口渴、舌白、胸脘痞满,是湿邪累及肾阳之证,用人参、附子、益智、白术、茯苓等温补脾肾之阳,健脾运湿。

《温病条辨》选篇解读

上焦篇

上焦篇主要包括肺和心包的病变。

【原文】温病者,有风温,有温热,有温疫,有温毒,有暑温,有湿温,有秋燥,有冬温,有温疟。(上焦篇1)

【释义】初春感受风热,以肺卫表热证为主者称风温;春末夏初感受温热,以里热证为主者称为温热;温疫是一种由疠气秽浊导致的,互相传染,引起流行的温病;温毒则是除温病一般见症外,尚有局部肿毒特征的温病;暑温是盛夏发生的以热盛为主的暑病;湿温是长夏初秋发生的湿热性温病;秋燥是秋季感受燥热病邪而致的温病;冬温为冬季感受风热邪气而致的温病;温疟是阴气先伤,夏伤于暑,阴伤而阳热亢盛的一种疟疾。

【原文】凡病温者,始于上焦,在手太阴。

【释义】温病发病多始于上焦肺卫。

【原文】太阴风温、温热、温疫、冬温,初起恶风寒者,桂枝汤主之;但热不恶寒而渴者,辛凉平剂银翘散主之。温毒、暑温、湿温、温疟,不在此例。

【释义】风温、温热、温疫、冬温,初起皆可以表现为邪在卫分。恶风寒较著系表邪偏盛,可用桂枝汤暂解其表,恶寒较轻而热重、口渴者,用银翘散之辛凉以疏解之。至于温毒、暑温、湿温、温疟等病,因初起邪犯部位不一,而治法自异。

【原文】白虎本为达热出表,若其人脉浮弦而细者,不可与也。脉沉者,不可与也;不渴者,不可与也;汗不出者,不可与也。常须识此,勿令误也。

【释义】白虎汤为辛寒清气,达热出表之名方,是热炽气分的代表方。在应用时若脉浮为病在表,脉弦为病在少阳,脉细为阴虚,脉沉为热结肠腑或阳气虚弱;不渴为津液未伤;汗不出为表气郁闭或无作汗之源。这些情况均非白虎汤适应证,故均"不可与也"。

【原文】邪入心包,舌謇肢厥,牛黄丸主之,紫雪丹亦主之。

【释义】邪入心包,窍机阻闭,则舌体转动不灵,神昏谵语;气血运行郁滞,肢体失于温煦,则四肢厥冷。故急用牛黄丸、紫雪丹清心化痰开窍。

【原文】手太阴暑温,如上条证,但汗不出者,新加香薷饮主之。

【释义】暑温属暑湿内蕴,寒束于表的表实证,特点是"汗不出",治当疏表散寒,涤暑化湿,方选新加香薷饮。

【原文】手太阴暑温,或已经发汗,或未发汗,而汗不止,烦渴而喘,脉洪大有力者,白虎汤主之;脉洪大而芤者,白虎加人参汤主之;身重者,湿也,白虎加苍术汤主之;汗多脉散大,喘喝欲脱者,生脉散主之。

【释义】暑温病,无论是否用过发汗之法,病人表现为汗出不止,心烦口渴,呼吸粗大而喘,脉象洪大有力者,当用白虎汤治疗。如出现洪大而中空无力的芤脉,用白虎加人参汤治疗。若兼见身体困重等症,方选白虎加苍术汤治疗。若身热虽退而汗出不止,脉象散大,呼吸急促如喘等,用生脉散治疗。

【原文】小儿暑温,身热,卒然痉厥,名曰暑痫,清营汤主之,亦可少与紫雪丹。

【释义】小儿感受酷烈之暑邪,出现身热、神昏、抽搐等症,称为暑痫。治疗用清营汤清营泄热,保护阴液,并用紫雪丹开窍熄风止痉。

【原文】头痛恶寒,身重疼痛,舌白不渴,脉弦细而濡,面色淡黄,胸闷不饥,午后身热,状若阴虚,病难速已,名曰湿温,汗之则神昏耳聋,甚则目瞑不欲言;下之则洞泄;润之则病深不解。长夏深秋冬日同法,三仁汤主之。

【释义】证见头痛恶寒,身重疼痛,面色淡黄,胸闷不饥,午后身热,舌白不渴,脉弦细而濡等。这是湿温的主要脉证,凡见此者称为"湿温"。湿温初起若见恶寒头痛,身重疼痛,误认为伤寒而用辛温发汗之药,则会耗伤心阳,湿浊随辛温之品上蒙清窍,可致神昏、耳聋、目闭等症。若见胸闷不饥等湿热阻滞脾胃之症,误以为胃肠积滞而妄用苦寒攻下,则脾阳受损,脾气下陷,湿邪下趋而为洞泄。若见午后身热等而误认为阴虚,妄用滋腻阴柔之药,势必使湿邪锢结难解,病情加重而难以治愈。

【原文】燥伤肺胃阴分,或热或咳者,沙参麦冬汤主之。

【释义】燥伤肺胃,出现低热、干咳,且少痰或无痰,此皆燥热耗伤肺胃津液所致,用沙参麦冬汤治疗。

【原文】燥气化火,清窍不利者,翘荷汤主之。

【释义】燥气化火,出现耳鸣目赤,龈肿咽痛等清窍不利之症,治疗用翘荷汤清火润燥。

中焦篇

中焦篇主要包括胃肠和脾的病变。

【原文】面目俱赤,语声重浊,呼吸俱粗,大便闭,小便涩,舌苔老黄,甚则黑有芒刺,但恶热不恶寒,日晡益甚者,传至中焦,阳明温病也。脉浮洪躁甚者,白虎汤主之;脉沉数有力,甚则脉体反小而实者,大承气汤主之。暑温、湿温、温疟,不在此例。

【释义】阳明温病的共同表现是面目俱赤,语声重浊,呼吸俱粗,大便不通,小便不畅利,舌苔老黄,甚则黑有芒刺,但恶热不恶寒,下午3—5点更严重。脉浮洪数,用白虎汤治疗;脉沉数有力,甚至脉体变小而沉实,用大承气汤治疗。暑温、湿温、温疟,不列入这类情况。

【原文】温病由口鼻而入,鼻气通于肺,口气通于胃。肺病逆传则为心包,上焦病不治,则传中焦,胃与脾也;中焦病不治,即传下焦,肝与肾也。始上焦,终下焦。

【释义】温病初期邪从口鼻而入,与上焦肺和中焦胃相通。肺病可逆传上焦心包。上焦病若未治好,可传入中焦,是胃与脾的病变;中焦病未能治好也可传入下焦,是肝与肾的病变。始于上焦,终于下焦的传变规律反映了温病由实致虚的病理性质的演变规律。

【原文】阳明温病,下后汗出,当复其阴,益胃汤主之。

【释义】下后伤阴,汗出又复伤阴。故治疗上"当复其阴"为主。用益胃汤治疗,为益胃养阴之良方。

【原文】斑疹,用升提,则衄,或厥,或呛咳,或昏痉,用壅补则瞀乱。

【释义】治斑疹如果用具有升散提举作用的方药进行治疗,就会引起衄血,或导致肢体厥冷,或发生呛咳,有的甚至会造成神昏痉厥。如果用滋补壅滞的方药进行治疗,就会导致神志昏乱。

【原文】阳明温病,无汗,实证未剧,不可下,小便不利者,甘苦合化,冬地三黄汤主之。

【释义】阳明温病而无汗,则非阳明无形热盛证,里实症状并不显著,下证并不具备,因而不可下。温病出现小便不利,治疗当用甘苦合化的冬地三黄汤。

【原文】温病小便不利者,淡渗不可与也,忌五苓、八正辈。

【释义】温病患者症见小便不利,忌用五苓散、八正散之类淡渗利湿的方剂。如误用会进一步耗伤阴液。

【原文】暑温蔓延三焦,舌滑微黄,邪在气分者,三石汤主之。

【释义】暑湿蔓延,三焦出现身热、舌苔黄滑、脘部痞满、小便短涩、大便黄色稀水而肛门灼热等症状,邪在气分,治以三石汤清暑化湿,宣通三焦。

【原文】脉缓身痛,舌淡黄而滑,渴不多饮,或竟不渴,汗出热解,继而复热。内不能运水谷之湿,外复感时令之湿,发表攻里,两不可施,误认伤寒,必转坏证,徒清热则湿不退,徒祛湿则热愈炽,黄芩滑石汤主之。

【释义】湿热蕴阻中焦气分,脉缓身痛,舌淡黄滑,口渴饮水不多,或不渴,汗出热退,但接着又发热。这是因为脾胃虚弱不能运化水湿,又外感湿热,不可用一般的发表攻里之法,若误认为是伤寒而用辛温解表法治疗,必转变成坏证;也不可只清热或只祛湿,需化湿清热,不可偏治,用黄芩滑石汤治疗。

下焦篇

下焦篇主要包括肝和肾的病变,多为肝肾阴伤,邪少虚多之候。

【原文】脉虚大,手足心热甚于手足背者,加减复脉汤主之。

【释义】温病后期若脉虚大,手足心热甚于手足背,属肾阴大伤,当用加减复脉汤治疗。

【原文】少阴温病,真阴欲竭,壮火复炽,心中烦,不得卧者,黄连阿胶汤主之。

【释义】温病后期,肾阴亏于下,心火亢于上,水火失济,心肾不交,症见心烦不得卧,当育阴清热,用黄连阿胶汤治疗。

【原文】夜热早凉,热退无汗,热自阴来者,青蒿鳖甲汤主之。

【释义】温病后期,夜热早凉,热退但无汗,尚有能吃饭,形体瘦削,是热留阴分,治以滋阴透热,方选青蒿鳖甲汤。

【原文】下焦温病,热深厥甚,脉细促,心中憺憺大动,甚则心中痛者,三甲复脉汤主之。

【释义】下焦温病出现身热,手足厥冷,心跳剧烈,有恐惧感,甚则心中痛等症,用三甲复脉汤治疗。

【原文】热邪久羁,吸烁真阴,或因误表,或因妄攻,神倦瘛疭,脉气虚弱,舌绛苔少,时时欲脱者,大定风珠主之。

【释义】热邪日久，耗伤真阴，又误用汗下之药，更劫夺肝肾阴液，出现神倦脉弱，舌绛苔少，虚风内动，时时欲脱，病多危重。用大定风珠治疗。

【原文】暑邪深入少阴消渴者，连梅汤主之；入厥阴麻痹者，连梅汤主之；心热烦躁神迷甚者，先与紫雪丹，再与连梅汤。

【释义】暑邪深入少阴，暑、心属火，二火相搏，则肾阴消灼，故呈大量饮水之消渴证，用连梅汤治疗。暑邪深入足厥阴，肝主筋，依赖肾水的滋养，今肾阴亏而使筋脉失却濡养，故现肌肤麻痹征象，用连梅汤治疗。如有心热烦躁神迷者，为暑入心包，可先与紫雪丹清包络，再以连梅汤直入病所。连梅汤滋肾养肝清火。

【原文】治外感如将（兵贵神速，机圆法活，去邪务尽，善后务细，盖早平一日，则人少受一日害），治内伤如相（坐镇从容，神机默运，无功可言，无德可见，而人登寿域）。治上焦如羽（非轻不举），治中焦如衡（非平不安），治下焦如权（非重不沉）。

【释义】治疗外感疾病如同将军用兵一样，贵在神速，机动灵活，主动彻底地祛除一切病邪，善后治疗也务必细致周到，因为疾病早一天治愈，患者就可以少受一日的伤害。而治疗内伤杂病就如同宰相治理国家一样，要从容镇静，善于策划运筹，虽然短期内看不到明显的功效，但能使病人得以长寿。治疗上焦病证之药物要如同羽毛那样轻，因为非轻浮上升之品就不能达到在上的病位。而治中焦病证要如同秤杆那样保持平衡，不平衡就不能平安。治疗下焦病证则如同秤砣一样，如果不用性质沉重的药物就不能直达在下之病所。

延伸阅读

叶天士治痘

吴县城郊有一个富商,中年得子,十分珍爱。不料第二年春天,孩子出起了痘子(俗称红花疹)。先是浑身发烧,又哭又闹,后来竟昏迷不醒。富商略懂医术,知道这是逆症,病邪内陷引起的痘闭,不但很难医治,而且严重时会有生命危险。富商在急得像热锅上的蚂蚁时,忽然想到叶天士。可叶天士是名医,能屈尊到乡下来吗?富商急中生智,听人说叶天士好斗蟋蟀,便买了几个,分别放在精致的盒子里,然后找到叶天士,并说要和他的"勇士"斗个输赢。结果是两军对垒,各有胜负。富商不服气,说家里还有一位十分厉害的"黑元帅",可以说交起战来天下无敌。一句话惹得叶天士兴起,马上同富商到他家。这时,富商才说出实情,并望叶天士能原谅他因救子心切而不得已用的激将法。叶天士毫不怪罪,只说:"救人要紧!救人要紧!"当他看到孩子浑身的斑疹混浊凹陷时,大吃一惊,忙叫富商找了十余张新油漆的桌子,然后把孩子的衣服脱光,放在头一张桌子上用手辗转揉搓。待十余张桌子都用过了,已到了五更天,这时,孩子终于"哇"的哭出声来,浑身的痘子也全发出来了。富商见儿子"起死回生",对叶天士感激不尽,又是赠金,又是赠银,但叶天士推辞不要,终因盛情难却,就拿了一盒蟋蟀连夜赶回城了。

定价：25.00元